在家也要好好说话

[日] 小林美智子 著
宋天涛 译

机械工业出版社
CHINA MACHINE PRESS

Original Japanese title: TSUMA TO TADASHIKU KENKASURU HOUHOU
by Michiko Kobayashi
Copyright © 2018 Michiko Kobayashi
Original Japanese edition published by Daiwa Shobo Co., Ltd.
Simplified Chinese translation rights arranged with Daiwa Shobo Co., Ltd.
through The English Agency (Japan) Ltd. and Shanghai To-Asia Culture Co., Ltd.

北京市版权局著作权合同登记　图字：01-2019-6291号。

图书在版编目（CIP）数据

在家也要好好说话 /（日）小林美智子著；宋天涛译. — 北京：机械工业出版社，2023.7（2024.3重印）
ISBN 978-7-111-72892-4

Ⅰ.①在… Ⅱ.①小…②宋… Ⅲ.①家庭教育-教育心理学 Ⅳ.①G780

中国国家版本馆CIP数据核字（2023）第052788号

机械工业出版社（北京市百万庄大街22号　邮政编码100037）
策划编辑：刘文蕾　刘春晨　　责任编辑：刘文蕾
责任校对：王荣庆　李　婷　　责任印制：单爱军
北京联兴盛业印刷股份有限公司印刷
2024年3月第1版第2次印刷
145mm×210mm·5.5印张·110千字
标准书号：ISBN 978-7-111-72892-4
定价：59.80元

电话服务　　　　　　　　　网络服务
客服电话：010-88361066　　机　工　官　网：www.cmpbook.com
　　　　　010-88379833　　机　工　官　博：weibo.com/cmp1952
　　　　　010-68326294　　金　书　　　网：www.golden-book.com
封底无防伪标均为盗版　　机工教育服务网：www.cmpedu.com

前 言
夫妻争吵太令人苦恼了

在和妻子交流时应该如何回应呢？你会不会为此感到困扰呢？

- 即便跟妻子说了，也只会被否定或者被拒绝，所以就不打算说了。
- 如果跟妻子说了，她会无休止地跟自己唠叨，太烦了，所以宁愿保持沉默。
- 想不出任何能说服妻子的回答。

你是否有过这样的想法与经历呢？
注意到这些后，两人又吵起来了……太烦了……
究竟该如何做呢？怎样做才是正确的呢？你是不是毫无头绪？

夫妻交流最需要了解的就是双方重复争吵的具体内容是什么。本书列举了夫妻对话示例的 before 和 after。

先列举出常见的吵架示例（before），彻底弄清普普通通的夫妻对话为何容易演变成争吵，再列举言语和谐的夫妻对话示例（after），两相对比，会令人瞬间豁然开朗。

现在网上、书里有很多教大家夫妻之间应该如何沟通的信息，但我个人认为，里面的内容并不是很具体详细。

例如，我们可以从"夫妻需要沟通"这句话里了解到"应该首先听妻子说完，然后回应'是的''明白'来肯定妻子"等信息，但在说完"是的""明白"之后呢？该继续说些什么呢？

我们按照建议，试着积极关心妻子，"没问题吧？""你怎么了？""要不要我做点什么？"，但之后又该说些什么呢？

这些信息远远不够。不仅仅是夫妻间的对话，很多对话都不是一问一答就结束了，需要多次的你来我往。

很多时候就是因为丈夫的回答被妻子深究，最后演变成了吵架。

本书总结了16个丈夫可以现学现用的具体回答合集。

了解不曾知道的妻子的心声，认真分析具体的回答，掌握和妻子正确沟通的方法吧。

因为夫妻关系和个人差异等，或许有不适用的地方，在参考的同时可以选取自我适用的部分。

在这之前，我先来讲一讲通过和妻子真正地面对面沟通，关系得到逐步改善的男性咨询者的经验之谈吧。

和妻子相处变得和谐的男性咨询者的经验之谈

"那时候我们持续吵架，相互都不知道该做些什么才好。"

但我还是鼓起勇气听妻子说话。那时候她说我是废物，我也很生气。但我还是认真地看着妻子的脸听她说话，思考妻子真正想说的是什么。

渐渐地明白了妻子想说的内容。虽然之后也有过无数次争吵（现在也吵），每次心情也都很烦躁，但我把它们当作揣摩妻子想法的机会，认真倾听她说话。

虽然现在依然不擅长说出自己的意见，但当无论如何都要说的时候，我会果断地说出来。

虽然会被说这说那，我也相当沮丧（苦笑），但说出来之后，妻子最后会同意我的意见。

现在想来，艰辛只是短暂的。跨越过去后面就会非常轻松。

越逃避就会越辛苦。不逃避、大胆地向前迈进，就能越来越接近目标。面对面才能说出真实想法。

"说得再多也只是两条平行线，吵架不间断。"

但是，我在不断思考妻子是什么想法，并在反复沟通的过程中，渐渐明白了问题所在，比如拖延了妻子的吩咐，半途而废，等等。也注意到之前自己一直试图把争吵圆滑地平息下来同样是问题所在。

现在我能够发现自己之前的错误之举，并且努力改进，和妻子的关系也逐渐缓和了。

"妻子的反应让我心累,也有点恐惧,所以一直逃避妻子。"

但如果一直保持这种状态,事情就不会有任何进展,我深切感受到了自己的想法传达不出去的苦恼,所以即便提心吊胆,也要尝试一点点大胆说出来。

于是妻子渐渐不再生气了。老实说,我还是会不安地怀疑妻子会生气,但妻子真的没有抓狂,这是很大的改变,令我吃惊。

"我现在觉得妻子也许是因为不安或者寂寞才对我发脾气的。"

以前我只关注妻子的语言和态度,才觉得"妻子奇怪"。

但是,和妻子接触之后,渐渐地明白了妻子的言行举止。

- 首先要倾听妻子说话(不发表建议)。
- 妻子的想法每天都有变化(没有恶意)。
- 有时"可以"代表的意思是"不行"(这个不要太深思)。

……

以后要逐步地了解妻子。

不要想着靠时间就能解决夫妻问题。

只要你不置之不理,就一定能找到解决争吵问题的方法。

下一个家庭和谐美满的人就是你了!

CONTENTS

目 录

前 言

场景 1 忘记发信息   001
"只不过是不小心忘记了……"

场景 2 收到礼物   013
"不是没有在用……"

场景 3 对自己的褒奖   023
"只不过是买了想要的手表……"

场景 4 沉迷网络   035
"只是想集中精力工作……"

场景 5 禁烟宣言   045
"那时候是真的想戒掉……"

场景 6 丢东西了   057
"我只是想让你冷静下来……"

场景 7 买完东西后回家   065
"为什么一边发牢骚还一边买那么多回来……"

场景 8 简单的东西就好   073
"我的本意明明是为你着想……"

场景9　感冒了　　　　　　　　　　081
"是你说自己生病了，我也是体谅你……"

场景10　烦恼咨询　　　　　　　　091
"我只是提些建议……"

场景11　哪里都可以　　　　　　　101
"只不过是你问我，我随口答一下……"

场景12　忘记吩咐　　　　　　　　109
"不是故意不做的……"

场景13　分担家务　　　　　　　　119
"只不过是想在家里放松放松……"

场景14　完美主义　　　　　　　　131
"生气了……该怎么办才好呢？"

场景15　饭后洗碗　　　　　　　　139
"立马就洗的妻子"VS"待会儿再洗的丈夫"

场景16　总看手机　　　　　　　　151
"没有总看，明明还在一旁陪孩子玩……"

家庭和谐的30条宝典　　　　　　　161
后　记　　　　　　　　　　　　　165

忘记发信息

"只不过是不小心忘记了……"

这一天，丈夫临时有个酒局要参加，但没有发信息跟妻子说会晚点回家。以下是一直没收到信息的焦躁的妻子和终于回到家的丈夫之间的对话。

咱们之前约定过,如果晚回家要提前发信息!

 太突然了,所以没跟你说。

 发条信息根本用不了你1分钟吧!

 周围有同事在,发不了啊。

 我要给你准备晚饭,还要做各种杂事,很辛苦的!之前跟你说过吧!

 我知道了。抱歉……

 之前也是说抱歉,这次又犯同样的错误,你觉得道个歉就完事了吗?

 我知道了,下次不会忘了。

 你是真的明白了吗?

 我都说了我知道了!

 如果你知道了,那你为什么不给我发信息!

 所以我不是说下次会记得发吗!(打算离开)

 你之前就说过同样的话!反正下次还是会忘记!

 你也替我想想吧!一旦你不给我发信息,我的整个节奏都会被打乱!真是的!你真的明白吗?

想必大多数男性都觉得"不就是忘了发信息吗,多大点事啊"。

经常因为没有跟妻子说"会晚归"而吵架,无法理解妻子为什么会那么生气……

那么,丈夫为什么不给妻子发信息说会晚点回家呢?

丈夫的心理变化

"临时有酒局。"(不方便联系)

"本打算露个脸就回家,结果没能回去。"(时机不合适)

"已经这么晚了,虽然酒局都进行半天了,但还没结束,这个时间点就更难找时机联系了。"(明明不该是这样的)

"反正就算打电话或者发信息,也只是跟我发牢骚。"(何苦现在自寻烦恼呢,之后再道歉就好了)

状况百样、理由不一,不知不觉就错过了时机,最终就没有发信息。

只不过,如果这种事多次重复,夫妻双方最后就会唇枪舌剑、恶语相向,丈夫不由得说出气话"那你以后就不要做晚饭了",妻子也就当真不再做了。

而妻子反复经历同样的事情后,会想"说再多也没用",索性放弃,反正做了丈夫也不会吃,渐渐地就不再给丈夫做晚饭了。

久而久之,丈夫在家里就被孤立了。

生气是不是代表妻子还在乎自己呢?

那么,妻子在丈夫没给自己发信息说会晚归时,是什么想法呢?

妻子的心理变化

"这么晚了,到底是怎么回事?发生什么事了吗?"(有点担心)

场景 1 忘记发信息

⬇

"我特意做好了晚饭。"(遗憾失望)

⬇

"也许已经在回来的路上了。"(微微期待)

⬇

"真是的!我还有一大堆事情要做呢!"(为难)

⬇

"一定又是去喝酒了!之前明明说好的,就这么不拿我说的话当回事吗?"(伤心)

⬇

"老公太自私了……我也想出去小酌几杯!"(羡慕)

⬇

"喝酒比我重要……从来不会考虑我是什么心情!"(轻度愤怒)

⬇

"比起和我的约定,去喝酒更重要!"(中度愤怒)

⬇

"那个时候也没遵守约定!"(妻子想起来之前发生过好多次同样的事,愤怒值达到顶点)

⬇

"够了!这次必须好好说说,省得以后再发生!"(想着说得再严厉点,老公也许能听进去,想让自己快点从焦躁中解脱出来)

妻子经过这样的心路历程后,才开口说出:"咱们之前约定过,如果晚回家要提前发信息!"

因为联想到了"之前""那个时候"等一连串过去的事情,火气才越来越大的吗?

实际上,男性不会想那么多、那么深,也不太考虑前因后果,思维本身就很简单。

不过,女性却会因为"明明知道要晚归,却不发信息"这一件事而联想起上次、上上次的争吵,比如在某个地方丈夫让自己等很久过,等等。

"你总是那样",妻子经常说这句话是因为她想起了各种事之后觉得这种事是经常发生的。

当被妻子责骂后,应该如何回应呢?

对话时要注意3点:

1. 对"我知道了"负起责任。
2. 妻子希望常常优先考虑"她"。
3. 主动说出承诺并严格执行。

1. 对"我知道了"负起责任。

请重新回顾之前事例中的争吵。

一旦丈夫回答了:"我知道了,下次不会忘了。""我都说了我知道了!""所以我不是说下次会记得发吗!"妻子便会认为"晚回家就会提前发信息",这是约定好的。

原来我无意间回答的"我知道了"对妻子来说就是约定啊……

丈夫或许都不记得自己说过多少次"我知道了",但多次不发信息,对妻子来说就是在持续违约。

首先对"我知道了"这句话负起责任吧。

2. 妻子希望常常优先考虑"她"。

女性常常会拿"她"和"某事物"作比较,看在丈夫心中哪个更重要。

- "她"和"工作"哪个重要?
- "她"和"婆婆",以谁为优先?
- 更关心"她"还是"他人"?

……

常常拿"自己"和"某事物"作比较,希望丈夫优先考虑自己,是女性特有的想法,所以会对丈夫忘记发信息而感到生气:

- 喝酒优先于我,从来不会考虑我是什么心情!
- 比起和我的约定,去喝酒更重要!

生气是因为比起"她",丈夫更先考虑"酒局"。

3. 主动说出承诺并严格执行。

如果被妻子说这说那,丈夫会感觉受到了指使、掌控,从而提不起干劲。

的确是这样。因为是随口应腔,所以最后就会觉得"算了,就这样吧"……

所以,今后不要再随口回答"我知道了",而是在自己能做到的范围内承诺"以后会这么做"。如此一来,自己也容易执行不是吗?

如果妻子现在对你的信赖度很低。那么现在,唯有执行!

以此为基础,在实际生活中应该如何回答呢?让我们应用到刚才的事例中吧。

场景 1　忘记发信息

　咱们之前约定过,如果晚回家要提前发信息!

抱歉。

太突然了,所以没跟你说。

　发条信息根本用不了你 1 分钟吧!

是花不了 1 分钟。但大家都在,最后就没能给你发。

　我要给你准备晚饭,还要做各种杂事,很辛苦的!之前跟你说过吧!

是说过。但中途无法离场啊。

　你中间抽空给我发个信息不就行了吗?

知道了。以后再有晚回的时候,我会好好给你发信息的,发一句"会晚点回来"也花不了几秒。

　反正下次你还是会忘记。

好像之前确实都忘发了。

但以后我会尽我所能恢复你对我的信任!

　你总是嘴上说说!

"知道了。以后再有晚回的时候,我会好好给你发信息的,发一句'会晚点回来'也花不了几秒。"这不是妻子逼你说的,是你自己做的决定。以后一定要实行。

但是,"反正下次你还是会忘记""你总是嘴上说说",说我说得太狠了吧……

男性大都重视结果,努力辩解示好后,常常会因为妻子最后一句否定的话而丧失积极性。

妻子说的"反正……",其实是强烈地希望你"以后要认真实行"。

虽然状况难以立即改变,但是,因为你一直在破坏约定,所以"会晚点回来"的信息请一定坚持发。丈夫的坚持会让夫妻生活逐渐变得美满。

男性不善言辞,有时解释不清。所以下面我会介绍一些在和妻子对话时,可以说给妻子听的暖心话语。

推荐说给妻子听的暖心话语

1. 我原本以为那个酒局不大,能很快回家,结果不能按预想那样早回去。
2. 公司同事情绪很低落,想回也没办法回。
3. 我知道你在家为我做了很多,而我自己去喝酒,总觉得对不起你,发信息会很难为情。
4. 我没有站在你的立场上去思考,是我的不足。
5. 抱歉,迄今为止的确全都失信于你了。

绝不能对妻子说的话语

1. 你都搞不清楚状况,跟你说你也不懂!
2. 啰啰唆唆!
3. 不就是忘了发信息吗!

> **注意!**
> 暖心话语并不是托词借口,而是解释事实。妻子得不到解释就什么也不知道。请一定要把你的解释和想法如实地告诉妻子。

场景 2

收到礼物

"不是没有在用……"

妻子突然看了丈夫的提包,结果发现丈夫没有用前几天自己送的名片夹,而仍然在用旧的名片夹。来看看生气的妻子和不明白妻子为何生气的丈夫之间的对话吧。只要是在应对未使用"妻子送的礼物"时,都可以全部套用。

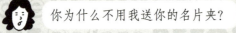 你为什么不用我送你的名片夹?

 有在用啊。

 你看,你明明没有用!

在公司用了。

 为什么在公司用?

你为什么这么生气?

 我只是问你为什么不用!

所以我跟你说了我在公司用了。

 不喜欢就说不喜欢!

我没有不喜欢。

但你没有用啊!

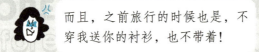 而且,之前旅行的时候也是,不穿我送你的衬衫,也不带着!

 有吗?

有!你不记得了?

那么久的事谁还记得啊。

 果然是因为不喜欢才不记得。
我特意为你精心挑选的!

我没有说我不喜欢。

够了,你不用再说了!

场景 2 收到礼物

丈夫不知道事情为什么会变成这样……

完全不明白妻子为什么这么生气……

当妻子看见丈夫没有用自己送的名片夹时,是什么想法呢?

妻子的心理变化

"咦?不是我送的名片夹。"(为什么不用?)

↓

"是不喜欢吗?特意为老公挑选的。"(遗憾的心情)

↓

"一定是不喜欢……给他的时候好像也不是很惊喜。"

↓

"如果喜欢他就会用了。"(是我的品位差吗?)

↓

"如果不喜欢直接跟我说就好了。"(有点伤心)

"我去这儿去那儿,走那么多路,挑来挑去好不容易挑中的!"(轻度愤怒)

↓

"我送的礼物老公都不用,我就像个笨蛋一样!"(中度愤怒)

↓

"说起来,之前旅行的时候也是,觉得适合老公特意买来送给他的衬衫,结果不穿也不带!"(愤怒值达到顶点)

↓

"够了!送他礼物他都不用,简直是浪费!必须说清楚!"

妻子被这样不断变化的情绪所萦绕,最后才开口问道:"为什么不用我送的名片夹?"

心情从"悲伤"转变为"生气"……

被迫忍受妻子发火的丈夫是什么样的想法呢?

丈夫的心理变化

"咦!名片夹?"(是之前妻子送我的名片夹吗?)

↓

"我有在公司用啊!"(为什么发火呢?)

↓

"我又不是不喜欢。"（生什么气啊？）

↓

"咦？去旅行时的衬衫？"（我有那样做吗？）

↓

"不喜欢之类的话我明明一句也没有说……为什么发那么大火呢？好烦啊！"

丈夫是不是对这种不明缘由的对话感到有些烦呢？

但是在妻子看来，"当初为老公精心挑选"的想法越强烈，怒火就越大，不好的想象和猜想重叠，最后她自己也不明白发火的具体原因了。

那么，在实际生活中应该注意哪些方面呢？

对话时要注意 3 点：

1. 优先使用妻子送的礼物。
2. 千万要注意! 妻子坚信"不用 = 不喜欢"。
3. 立即执行。

1. 优先使用妻子送的礼物。

希望深爱的丈夫变得更好！所以，妻子会花费时间和心思精心挑选自己认为品位好的礼物，希望丈夫喜欢。

从妻子那里获得的东西要优先使用，这是铁律。

2. 千万要注意!妻子坚信"不用 = 不喜欢"。

女性会优先使用别人为自己挑选的东西,喜不喜欢暂且放一边,她们以此来表示"感谢"。而且,如果喜欢,她们甚至会立即使用。所以她们会觉得:

- 不使用 = 不喜欢
- 记不住 = 不喜欢
- 忘记了 = 不喜欢

因此,如果没有在用,或者在妻子看不见的地方使用,就要认真和妻子说明,提前告诉她自己很珍惜她送的礼物。

原来如此。必须让妻子看见"我在用你送的礼物"!

3. 立即执行。

现在就立即"换名片夹",绝不可以拖延。

基于以上种种,丈夫在实际生活中应该如何回答妻子呢?让我们应用到刚才的事例中吧。

场景2 收到礼物

你为什么不用我送你的名片夹？

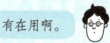有在用啊。

你看，你明明没有用！

在公司用了。

为什么在公司用？

之前的名片夹看起来还能用，所以就那么一直用着了。

那个是放在公司备用的，想着现在的这个不能用了再换。

什么嘛！

那你把之前的那个放在公司备用，平时就用我送你的名片夹不好吗？

啊，是呢。我明天立马换。

你不喜欢那个名片夹吗？

没那回事儿。

我给的东西，如果不喜欢就直接说。

我没不喜欢，不过以后如果有不喜欢的，我会跟你说的！

019

"明天立马换",并不是因为怕妻子发牢骚、嫌麻烦才说的,而是想着那是妻子为自己精心挑选的,自己喜欢,所以想立即更换。

面对像衬衫之类的旧话重提,该如何是好呢?

从谈论名片夹转变到谈论衬衫,男性也许会思绪混乱。但是,女性只是自然而然地想起了自己曾有过的同样的情绪。只是突然想起来了,所以顺便说了说,男性不必那么在意。

这次介绍的是在公司使用的版本,其他场景也可以借鉴,下面我会介绍暖心话语和不能说的话语,请大家参考。

(顺便一提,如果是给妻子买礼物,因为女性的性格差异,我推荐夫妻一起去购买。)

推荐说给妻子听的暖心话语

1. 那个名片夹我十分喜欢,只想在工作的特殊场合使用,所以便放在公司办公桌上了。
2. 那个名片夹我十分喜欢,打算手头的这个不能用了再换,所以珍藏起来了。
3. 你送我的礼物比我自己选的品位高。

绝不能对妻子说的话语

1. 同样的事情要我说几遍啊!
2. 我不喜欢这个类型的名片夹,你能不能不要擅自判断我的喜好!
3. 这和衬衫没什么关系吧!

场景 **3**

对自己的褒奖

"只不过是买了想要的手表……"

丈夫拿到奖金后买了很久以前就看中的手表。某一天,不知情的妻子发现了一只从没有见过的手表!下面是因嘉奖自己而沾沾自喜的丈夫和生气的妻子之间的对话。

喂,我说!

嗯?怎么了?

 这只手表哪儿来的?

啊,前一段时间发奖金了……

 为什么都没跟我商量就擅自买了?

……

 我在问你为什么!

我想犒劳一下前一段时间努力的自己……

 这是什么破理由!我也有好多想买的忍着没买!而且,你不是戴着类似的手表吗?!

完全不一样!这次是限定版……

 够了!我不想听你说这些!前一段时间你不是刚说了要努力工作存钱的吗?

啊,已经买了,以后我会注意。

 你啊什么,什么态度!

场景3 对自己的褒奖

 下次、下次,你就只会嘴上说说!经常不跟我商量就擅自做决定!

 哪有经常……

 可不就是经常!之前你不就擅自买了个手办!

 那都是一年多以前的事了吧。

 和几年前没关系!那个时候也是没跟我说就自己买了,性质是一样的!

 我知道了。下次我一定会好好跟你说的。

 买手办的时候你也说了一样的话!你拿我当傻子吗?

 我没有,你不要那么生气。

 是你惹我生气的!

 我知道了。

 你知道了……那你说说我为什么生气?

 我已经知道了,你不要这么责备我了!
(打算离开)

 喂!我还没说完呢!

夫妻之间如何管理金钱呢？家庭主妇、兼职主妇、双职工夫妻等，各有各的管理方法。对于钱的用法以及价值观也因人而异。

我绝没有乱花钱……

女性倾向于万事都商量，一起做决定。而男性非常想要一样东西的时候，就会一个人做决定。

当妻子看见丈夫有一只自己没见过的手表时，是什么样的想法呢？

妻子的心理变化

"咦？这只手表我好像没见过！"（再次确认）

⬇

"果然没见过。"（是别人送的吗？）

⬇

"如果是别人送的，老公应该会和我说的。"（为什么没说呢？）

⬇

"什么时候买的？"（没跟我商量，失望）

⬇

"明明刚说了以后要努力工作、努力存钱。"（有点不开心）

⬇

"已经有好几只手表了，而且买之前为什么不跟我商量呢？"（轻度愤怒）

⬇

"之前买手办也是，都没商量！"（中度愤怒）

⬇

"肯定觉得跟我说不说无所谓！"（愤怒值达到顶点）

⬇

"买东西都不跟我商量，擅自就买！拿我当傻瓜吗？必须好好跟老公说说了！"

妻子出于这样一个心路历程才开口问出："喂，我说！这只手表哪儿来的？"被问的丈夫是什么样的想法呢？

丈夫的心理变化

"糟了！露馅了！"（有点窘迫）

⬇

"无论如何都想要。"（奖金到手了，想法更强烈了，戴

上喜欢的手表不仅兴奋,也更有干劲)

"想过要商量,但一个不注意就买了……"(早点说就好了。不过,以前跟妻子商量过,结果最后被驳回,反正商量也是不同意)

"手办?"(好像有这回事)

"我没有把她当傻瓜。"(好烦啊!暂时先离开这个是非之地吧)

在这种情况下,男性是不是认为拉开点距离就能让双方相互冷静呢?实际上,如果男性在谈话中途打算离场,妻子会感觉丈夫是在逃避、无视自己,结果往往会使情况变得更糟。

别说冷静了,事态更加恶化了!原来时间解决不了这个问题啊……

那么,在实际生活中应该注意哪些方面呢?

> **对话时要注意 3 点:**
>
> 1. 妻子想和丈夫商量。
> 2. 妻子只是想知道丈夫的想法。
> 3. 告诉妻子难以说出口的话(真实想法)。

1. 妻子想和丈夫商量。

当妻子问起"这只手表哪儿来的"时,你是不是觉得"又要被唠叨""又要被质问"了?因为,你心里明白:

- 没商量就买了。
- 妻子发现后局面会变得尴尬。
- 露馅后很麻烦。

实际上妻子并没有打算发牢骚或者质问。不过,"说法容易变得片面武断""口吻容易变成质问",这是女性的语气特点,所以说不过妻子的丈夫想要逃避。

但是,妻子只是想要跟丈夫商谈如何解决反复发生的事情。男性眼中的牢骚在女性看来,只是在陈述自己的意见,是在商量。

2. 妻子只是想知道丈夫的想法。

男性喜欢讲大道理、常识,不太擅长用语言表达自己的想法。

因此，在告诉别人自己的想法时，感觉就像是在跨越高栏，同时也更焦虑。

> 你这么一说，我确实觉得不习惯说出想法……

达到十分擅长谈话的程度倒也没必要。女性对话的诉求是相互倾诉想法，她们只是想知道丈夫的想法罢了。

3. 告诉妻子难以说出口的话（真实想法）。

丈夫想要什么东西时，会重复以下模式吧？

打算和妻子商量，但预想到即便商量也会被唠叨、质问，所以就不说了。

↓

但是无论如何也想要，所以一冲动就买了，结果被发现了，最后吵起来。

↓

于是丈夫说"下次会商量"。（不得不说）

↓

又有想要的东西了。

↓

想和妻子商量。（然后，同类事情重复发生）

或许你心里还想着:"反正商量到最后也不会听我说,而是会直接拒绝我。""反正商量后,只是得到牢骚和反对。""反正商量后都是被否定,还会冲我发火。""不露馅就行了,不商量了直接买吧。"如果你这样想,妻子知道你的真实想法吗?

可能你觉得告诉妻子真实想法很麻烦,所以想要逃避。不过你要知道,"你的真实想法 = 你真正想告诉妻子的事情 = 你必须真正告诉妻子的事情"。

说好"下次会商量"(相当于约定),结果没商量,等同于违反了约定,所以妻子的怒火会越来越大。

只要没跟妻子说实话,就会陷入"随口做出约定,最后违约"的负向循环……

首先,请试着挑战自己,先告诉妻子一两句你的真实想法。

即使有些争执也不要逃避,勇敢地说出口。比起因为同样的事情反复争吵,倒不如说出来,长远地构建和谐良好的关系。

基于以上种种,在实际生活中出现这种情况时应该如何回答呢?让我们应用到刚才的事例中吧。

喂,我说!

 嗯?怎么了?

 这只手表哪儿来的?

 啊,前一段时间发奖金了……

 为什么都没跟我商量就擅自买了?

 抱歉,我太想要了就买了。后来就没好意思跟你说……

 说什么太想要了,你不是有类似的手表吗?

 或许在你眼里它们看起来一样,但其实完全不同。

 手表有一只就够了!为什么要买这么多!

 一只确实够用,但我看着喜欢的手表戴在手上,就会更有干劲。

 我明白,但我也有想买的,也一直忍着没买。而且,你不是刚说了要努力存钱吗?

 我是说过。但是很抱歉,这款是限定版,我太想拥有了。

 够了!之前买手办也是说了一样的话!

 而且,你跟我商量一下不行吗?

场景3 对自己的褒奖

是那样没错。有一次我打算新做一套西装,但跟你商量后,你没听我的。

因为那时候我觉得没必要。

但我觉得有必要才跟你商量的。

这不代表你就可以买手表吧?

是那样没错。以后我会认真跟你商量的。但是,商量的时候你不要立刻反对,要认真听我说到最后!

抱歉,你或许觉得是借口,但因为以前老被唠叨、被马上回绝,所以我觉得就算跟你商量了你也会拒绝。

我没有发牢骚……

或许你没有,但在我听起来就是发牢骚。这次的手表的确是我早就想要的,发奖金了,想要的欲望就更强烈了,但即使跟你商量,你也会反对吧?

因为没必要买那么多手表。

是否有必要,每个人的判断标准不一样,很难说清楚。

真是的!只有这次。从下次开始,买东西之前,必须要跟我商量一下。

我知道了。一定照做!

这次丈夫告诉了妻子自己买手表的真实想法，也说出了自己曾经想要新做一套西装的真实的所思所想。

这就是"丈夫的真实想法＝必须真正告诉妻子的事情"。

丈夫不亲口说，妻子就不会知道丈夫的想法。结果导致类似的争吵反复上演。大胆倾诉一次真实想法，让对方理解自己，是避免反复争吵的有效做法。

有许多关系变好的夫妻，就是因为丈夫认真地说出了真实想法，妻子才注意到"的确，原来如此"。所以，丈夫逐渐习惯于倾诉真实想法吧。

推荐说给妻子听的暖心话语

1. 抱歉，以前我一直以为你不会听我倾诉，就擅自做主买了。
2. 以后我们努力变成无话不谈的夫妻吧。

沉迷网络

"只是想集中精力工作……"

某一天,丈夫说:"明天突然要参加一场在教堂举办的葬礼",便用客厅的电脑搜集信息。妻子在一旁安静地看电视。以下是两人之间的对话。

你能去卧室看电视吗?(感觉焦躁)

 哎?你什么态度!

我让你去卧室看!

 你没必要吼吧!我都调小音量了!

我只不过说让你去卧室看电视。

 你为什么突然怒吼?

我没有怒吼吧!

 这还不是怒吼!你跟我说下理由不就行了!

理由……刚才说了吧!而且,为什么事事非要说出个理由呢?你在怨我考虑不周吗?

 那你是在说我没事找事吗?

我没那样说吧!

 你突然冲我怒吼,还那种态度,我都不知道哪儿得罪你了!

算了,我知道了!你想说反正都是我的错呗!

 我没那么说!真是的!我去卧室行了吧!
(走向卧室)

丈夫只不过希望妻子去卧室看电视，本来打算有话直说，不明白为什么最后却吵起来了。

那么，丈夫是何想法呢？

丈夫的心理变化

"第一次参加这种仪式，什么都不懂，明天应该没问题吧？"（不安）

⬇

"日期临近，必须集中精力搜集信息了。"（担心和焦虑）

⬇

"电视太吵了，注意力无法集中！"（焦躁）

丈夫第一次参加在教堂举办的葬礼仪式，充满了不安和担心，注意力一直无法集中，很介意电视里发出的声音。"好歹体谅一下我的处境和精神状态吧"，这样的想法和不安、担心、焦虑等情绪相互碰撞，焦躁的情绪逐渐爆发，便说出："你去卧室看电视吧！"

一开始我没打算发那么大火……

那么，被怒吼的妻子是什么心情呢？

妻子的心理变化

"什么？去卧室里看电视？"（老公为什么很烦躁？）

⬇

"而且，态度不必那么差吧！"（有点害怕那种说话态度）

⬇

"我有注意让自己保持安静。"（总觉得被当出气筒了）

⬇

"不用大吼我吧？"（如果老公能和和气气地说，我也会说"对不起"，然后去卧室看的）

⬇

"简直就像是我碍了你的事。"（总觉得很难过）

↓

"如果你告诉我一个理由,我也会合作的!"(轻度愤怒)

"总是烦躁后冲我大吼,上次也是!"(中度愤怒)

"你做得也不对啊,你知道我是什么心情吗?"(愤怒值达到顶点)

↓

"够了!"(总是不好好解释就突然冲我吼!我压根儿不知道怎么回事!)

受丈夫烦躁情绪的影响,妻子也不知不觉地变成了烦躁模式。烦躁似乎会传染。

丈夫在焦躁不安下说出的话,在妻子听来就像是怒吼,她会感到害怕。

我没有意识到焦躁不安的自己被妻子看作是"可怕的存在"……

对于女性来说，男性身强体壮，给人以压迫感。所以女性有时为了隐藏那份恐惧会用语言进行反抗。和妻子说话时，丈夫请一定注意要语气温柔。

那么，在实际生活中应该注意哪些方面呢？

对话时要注意 3 点：

1. 试着发挥想象力。
2. 温和地说明理由。
3. 尽早采取对策。

1. 试着发挥想象力。

人在烦躁时，或许难以发挥想象力。但是，我们可以等自己冷静下来，尝试一下"站在对方的立场去思考"。不然同样的事情会重复上演。

什么是站在对方的立场去思考呢？比如，妻子突然烦躁地冲你说："去卧室里看电视！"你会做出什么样的回应呢？

大概会回嘴："你怎么回事啊，什么态度！""你用不着这么吼吧！"心情是不是也会变得很差呢？

结果会做出同样的反应。正因为如此，一旦生气烦躁，就有必要停下脚步。在心平气和的时候回顾前因后果，站在长远的视角分析——"以后……"，尽情发挥想象力吧。

2. 温和地说明理由。

丈夫是不是以为说"明天突然要去参加在教堂办的葬礼仪式"就觉得已经说明理由了呢?

原来这种说法让别人反问"所以呢?"也无可厚非啊……

不过,妻子想要的理由是自己必须去卧室的理由。如果你不解释清楚这一点,妻子就会觉得你在说她"太碍事了,走开"。

3. 尽早采取对策。

在电脑上搜索信息时听到电视的声音,就分心了。尽早采取对策对男性来说也许有点难,但是可以像例行公事般记住"想把注意力集中在电脑上 = 创造一个人独处的环境"。

那么,基于以上种种,在实际生活中应该如何回答呢?让我们应用到刚才的事例中。这次准备了两个模板。

模板 1　认真说明理由

你能去卧室看电视吗？（感觉焦躁）

哎？你什么态度！

我让你去卧室看！

你没必要吼吧！我都调小音量了！

啊，对不起。音量的确很小了！

我的注意力不能集中在电脑上，你能去卧室里看电视吗？（语气尽可能温和）

好的。是我的不对，我没有注意到。（去卧室）

模板 2　尽早采取对策

明天突然要去参加在教堂办的葬礼仪式。

因为第一次参加这种仪式，不太清楚状况，所以想用电脑查一下。不好意思，你可以去卧室看电视吗？

好的。这么突然，你辛苦了。你别在意我。（去卧室）

妻子不是敌人,也不想打扰丈夫。妻子把电视声音关小,这本身就是顾及丈夫的行为表现。用温和的语气好好解释,就可以避免争执了。

绝不能对妻子说的话语

1. 你体谅一下我的处境吧。
2. 吵得我都分心了!
3. 好烦啊!你别顶嘴,去卧室不就好了!

场景 **5**

禁烟宣言

"那时候是真的想戒掉……"

丈夫前几天刚说了"戒烟",结果瞒着妻子又抽了。某一天,发现丈夫抽烟的妻子和忘了宣言的丈夫进行了对话。

好大的烟味！你说过要戒烟的！

就抽一点儿，没事的。

 哪儿会没事。体检时医生不也建议你戒烟比较好吗？

没什么大不了的。

 不是没什么大不了的。之前不是说这次一定要戒吗？

没事的。

 真是的！即使你得了肺癌，我也绝对不会照顾你的！

怎么会，我没得肺癌，你担心过度了。

 真是的，每次都说戒烟、戒烟，没有一次能坚持下来！

如果想戒烟，随时都可以戒掉。

 那你现在戒掉啊！

不要因为吸烟这么点事而变得那么生气嘛。

场景5 禁烟宣言

 吸烟这么点事？之前也说过要戒酒，结果还是喝了！

我没说要戒，我只是说"要不要戒呢"。

而且也有各种各样的应酬。

 应酬、应酬，减少饮用量总可以吧！

我知道。

 你不知道吧！之前也喝多了吧！

怎么会，我没喝多。

 是你自己说的"喝多了"！

 你真的是遇到自己想做的事，就会忘记自己说过的话，做什么都不坚持！

够了！随你的便！

丈夫宣布戒烟了。这对于担心丈夫身体健康的妻子来说是非常值得高兴的事。结果发现丈夫又吸了。此时原本心怀期待的妻子是多么遗憾和震惊啊！

但是……用得着那么生气吗？

那么，看到丈夫抽着烟，妻子是什么样的心情呢？

妻子的心理变化

"咦？！有烟味，抽烟了吗？"（不会吧？）

↓

"啊！果然又在抽烟了。"（之前明明说要戒掉的，很受打击）

↓

"体检时医生也说还是戒了比较好。"（担心）

↓

"为什么说戒就是不戒呢？"（本以为这次一定会戒的，

还很期待）

↓

"如果丈夫得了肺癌，那可怎么办啊？"（不安）

↓

"之前有一次回家也是醉醺醺的。"（身体没事吧？）

↓

"言行不一！骗人！"（轻度愤怒）

↓

"这是第几次了？而且丈夫对戒烟的约定到底是怎么想的呢？"（中度愤怒）

↓

"抽烟、喝酒，次次失约。"（愤怒值达到顶点）

↓

"觉得我和孩子无所谓吧！而且不声不响地就违背了诺言，一定没把我当回事！"（这次一定要让他好好戒烟！）

妻子经过以上的心理变化才开口说道："你说过要戒烟的！"

担心的情绪不断膨胀，最后变成了愤怒……

那么，丈夫是什么心情呢？

丈夫的心理变化

"啊!被发现了。"(不妙)

⬇

"糟了。"(又会被抱怨吧?)

⬇

"之前情急之下说了戒烟。"(很多人都吸啊,明明没什么大不了的)

⬇

"肺癌?"(太夸张了,身体没什么不舒服的)

⬇

"酒?"(又说到酒了吗?好烦)

⬇

"烟和酒我分得很清。"(管这管那,真讨厌)

⬇

"心情又不好了。"(戒烟的热情慢慢也就没了)

如果同样的事情反复发生,戒烟的热情就会降低。如果妻子不把戒烟放在眼里,还觉得自己戒烟的兴致会恢复。

妻子只是暂时生气而已,吵一架等怒火过去就好了……

但是女性却会因为"同样的事情反复争吵"而离婚。实例其实有很多。那么，在实际生活中应该注意哪些方面呢？

对话时要注意 3 点：

1. 妻子认为"××宣言＝约定"。
2. 首先理解妻子的想法。
3. 给出解决方案，让妻子安心。

1. 妻子认为"××宣言＝约定"。

"以后就这么做！"

男性因为当时的高昂情绪和想法，深信"可以做到"，很容易做出"××宣言"。而且，宣言的时候是认真的，真的觉得自己能做到。结果半途而废，而且觉得这也没什么大不了的。

对男性来说，自己的戒烟宣言不是假的，但也不认为这就是和妻子约定好了。只是抱有乐观的心态说一下："要是能做到就好了"，仅此而已。

但女性却会理解为，丈夫说的"今后会这么做的！＝××宣言＝和妻子的约定"。

因此，丈夫的"会戒烟的"就是戒烟宣言，就是和妻子的约定。

确实是我让妻子抱有了不必要的期待……

对于男性打破了自己一时敷衍、应付之下的回应,女性会觉得他们就是在撒谎骗人,所以妻子才会因为丈夫"若无其事地失约""老是撒小谎"而生气。

2. 首先理解妻子的想法。

丈夫也知道妻子说的是对的。但是,妻子的语气稍带否定且单方面就做出断定,所以丈夫无论如何都会产生反驳之心,怎么也说不出"你说得对",不知不觉就顶嘴了。一般来说,妻子的措辞都带有否定的倾向。

不过,如果丈夫同样做出否定回复,夫妻就只会反复争吵,不能解决任何问题。吵架本身就是否定大战。

作为一个缓冲,可以先说一些肯定的话语,之后妻子就容易听进去意见了。肯定的话语有:

- 是啊。
- 是那样啊。
- 确实是这样。

> 这几句话马上就能实践,会不会变成一时的敷衍呢?

这几句肯定的话语说到底只是一个缓冲,不代表你肯定了妻子所说的话。

就像男性有男性的思想一样,女性也有女性的思想。这是相互理解、接受对方意见的技巧之一。

3. 给出解决方案,让妻子安心。

妻子很担心丈夫的身体。

认为"丈夫珍惜自己的身体 = 珍惜家人"。因为妻子明白如果丈夫身体不好,全家人就无法正常生活了。

> 对丈夫的担忧不断膨胀,最后变成了愤怒!

多次发表戒烟宣言是不是也说明你心里也想着真正地戒烟呢？但是，如果没有什么契机，或者你没认真当回事儿，戒烟就无法实现。希望你能就戒烟这件事给出自己认为可行的解决方案，投入真心并付诸行动，让妻子放心。

那么，基于以上种种，在实际生活中应该如何回答呢？让我们应用到刚才的事例中吧。

场景5 禁烟宣言

好大的烟味！你说过要戒烟的！

就抽一点儿，没事的。

哪儿会没事！体检时医生不也建议你戒烟比较好嘛。

没什么大不了的。

不是没什么大不了的。之前不是说这次一定要戒吗？！

没事的。

真是的！即使你得了肺癌，我也绝对不会照顾你的！

怎么会，我没得肺癌，你担心过度了。

真是的，每次都说戒烟、戒烟，没一次能坚持下来！

对不起，之前确实说过好几次戒烟。但那时候是真的想戒掉。

那你就戒了啊！

你说的是。但是，周围的人抽，不知不觉就会被勾出烟瘾。而且，身体也没不舒服……

身体不舒服就晚了！

确实。要不去戒烟门诊看看吧。

可以去啊。反正最后你还是坚持不下去。

总之，我会去试试看！

"要不去戒烟门诊看看吧",因为妻子很担心,所以提出了自己认为可行的解决方案。不是敷衍妻子、模棱两可的回答。证明一下这次是真的下定决心、自己是言出必行的男子汉吧。

在你想去戒烟门诊的时候,妻子泼了你冷水:"反正最后你还是坚持不下去",你可能会有些沮丧,但妻子的真心想法其实是:"我很担心你的身体,这次一定要坚持下去啊"。所以你这次一定要言出必行,真正地成功戒烟,让妻子大吃一惊的同时,也让她对你放心。

禁酒宣言、减肥宣言、禁食夜宵宣言等同样适用!

推荐说给妻子听的暖心话语

1. 谢谢你一直为我的身体担忧。
2. 这次为了家人一定要努力做到。
3. 如果你有关于戒烟的建议请告诉我。

场景 **6**

丢东西了

"我只是想让你冷静下来……"

一起外出后,妻子想掏出钱包,在提包里焦急地翻来翻去……好像怎么也找不到……以下是惊慌失措的妻子和丈夫之间的对话。

咦?钱包不见了!

 又不见了啊?你认真找了吗?

 你这叫什么话!

 用不着这么说吧。你总是用瞧不起人的语气说我!

 啊?我没有瞧不起你啊。

 你有,总是这样!!

 什么嘛,哪有总是。别那么生气,先冷静下来!

 不用你说我也知道!

 首先,冷静下来,回想一下最后用钱包是在哪里。

 为什么你只会用这种责怪的语气啊!

 我没有责怪你。但如果你不冷静下来,原本能找到的东西也找不到了。

 够了!闭嘴!!

 ……

场景6　丢东西了

为什么会吵起来呢？我没有责怪妻子的意思啊……

女性越焦急，就越钻牛角尖，显得不讲道理。那么，发现钱包丢了的妻子是什么心情呢？

妻子的心理变化

"咦？真奇怪，钱包怎么不见了？"（不会吧！）

↓

"什么时候用过？"（拼命回想）

↓

"早上放在包里了吧？"（拼命回忆）

↓

"买东西的时候，确实还在的。"（那个时候，拿出钱了）

↓

"天啊！为什么没有啊！"（非常焦急）

↓

"卡也在里面，保险单也在里面。"（极度不安）

↓

"如果被盗用了怎么办？"（非常恐惧）

↓

"如果我告诉老公,他肯定会说'怎么又丢了'。"(好难开口)

↓

"但是,还是找不到啊!"(一定会被老公骂)

↓

"怎么办?怎么办?"(心跳加速,决定开口)

妻子的焦急、不安、恐惧急剧上升,在如此混乱的状态下战战兢兢地对丈夫说:"钱包不见了"。那么,丈夫听到是什么心情呢?

丈夫的心理变化

"什么?!钱包不见了?"(真的吗?)

↓

"又不见了?"(妻子最近注意力不集中,没事吧?)

↓

"为什么一个人会这么烦躁啊?"(现在不是吵闹的时候)

↓

"总之要冷静下来。"(必须联系卡务公司,赶快做该做的事)

↓

"瞧不起、责怪之类的,现在不是辩论这些的时候吧。"(如果事情变得无法挽回,该怎么办呢?)

"真是的,随你的便!"(为什么总是会变成这样?)

男性想尽快解决问题,但却很难顺利进展。

> 是的。我没想责怪妻子,只是在考虑怎样才能冷静地解决……

那么,在实际生活中应该注意哪些方面呢?

对话时要注意 3 点:

1. 禁止烦躁。
2. 不要试图让妻子冷静下来。
3. 三分钟后再切换到解决模式。

1. **禁止烦躁。**

烦躁会传染,不能被妻子的烦躁情绪所影响。如果妻子烦躁,丈夫也烦躁,最后只会演变成争吵,解决问题想都不要想。

2. 不要试图让妻子冷静下来。

如果丈夫采取和自己同样的行动,妻子会感到些许安心。首先装出和妻子一样焦急的样子,只需一小会儿,妻子就会感到安心。这时不妨就抛下你的男子汉气概吧。

我知道男性总喜欢说"你先冷静下来",但只会适得其反。每个人(特别是女性)在认为自己把钱包弄丢时,都是反省最多、最焦急的那个人。

别人对自己说"冷静下来"的话,就会觉得被对方责怪了。所以,想让妻子冷静下来,不如不多嘴,在一旁温柔守护最好。

比起从客观的角度理论,正确方法是"站在同样的视角下采取同样的行动"。

3. 三分钟后再切换到解决模式。

三分钟过后,妻子也会慢慢冷静下来,此时再切换到解决问题的模式。冷不丁地进入解决问题的模式,两人就会吵起来。

那么,基于以上种种,在实际生活中应该如何回答呢?让我们应用到刚才的事例中。

场景 6　丢东西了

咦？钱包不见了！

真的吗？（有点焦急的感觉）

是啊！该怎么办啊！真奇怪。（匆忙翻找）

千万不要烦躁，守护妻子，等着妻子冷静下来吧。

妻子冷静下来后的 4 种应答

1. 丈夫来检查提包。

   这次我来找找看，把包给我吧！

2. 询问妻子是否知道卡务公司等的联系方式。

   卡是最要紧的。你知道卡务公司的联系方式吗？

3. 报警。

   要不我和你一起去报警吧？还是你想一个人去？

   （如果有孩子，就带上孩子一起去。如果妻子想自己去，就留下来照顾孩子。）

4. 事情告一段落后安抚妻子。

   我也经常丢三落四，以后我们要互相提醒哦！

彼此都是出于好心，结果却事与愿违，这或许就是夫妻关系的奇妙所在。在这种情况下，妻子就需要丈夫的安抚。

在妻子焦急或者处于抓狂状态时也同样适用。

绝不能对妻子说的话语

1. 是你的注意力不集中！
2. 你先冷静下来！
3. 如果我丢了东西，你一定会大吵大闹的！

场景 7

买完东西后回家

"为什么一边发牢骚还一边买那么多回来……"

妻子双手提着沉甸甸的超大购物袋回到家,而丈夫却优哉游哉地躺在那儿。看见妻子回来后,双方进行的对话。

你回来了！

 啊！好重啊！

怎么买这么多？你都买了什么？

 买了什么？当然是买了必需品！

 除了吃的，还有好多要买的。你不去买当然什么都不知道了！

因为我知道买那么多会很重，所以认真思考后再买不就好了。

 啊？！你在开什么玩笑！

 洗发水、护发素都有优惠，纸巾也很便宜！

虽说有优惠，但也就便宜10日元、100日元吧。

考虑到提回来需要付出的劳力，即使稍微贵点也可以下次再买。

 你真的什么都不懂，同样的东西哪怕只便宜一点儿也要买！

 瞧你那游手好闲看电视的样子，身份真尊贵啊。我可真羡慕你啊！！

……

场景 7　买完东西后回家

明明妻子回到家丈夫只说了句:"你回来了",结果就被劈头盖脸地发了一通牢骚,丈夫完全不明白缘由。

有没有什么可以回避这种单方面被骂的方法呢?

首先回顾一下丈夫的想法。

丈夫的心理变化

"明明只问了句买了什么东西回来。"(为什么那么焦躁呢?)

⬇

"只是认真思考后提了个建议。"(为什么生气呢?)

⬇

"没那么迫切需要,就没必要勉强自己马上买回来啊。"(怎么一回事?)

⬇

"我只是说了理所当然的事情。"(为什么要生气?)

⬇

"顶多便宜几十日元,在别的地方浪费掉的就看不见了吗?"(简直是不可理喻!)

067

丈夫出于一片好心,结果到妻子那里却适得其反。那么,妻子是什么样的想法呢?

妻子的心理变化

"啊!好重啊!!"(但是买了好多优惠的东西,太幸运了)

↓

"你问我都买了什么?"(看看不就知道了!都是家里用的、吃的,虽然很重,但我努力拎回来了!)

↓

"认真思考后再买东西?"(我也知道!但是,因为大家需要我才买回来的呀!)

↓

"老公真的什么都不懂!"(同样的东西,哪怕便宜一点,也要买啊!)

↓

"游手好闲地看电视!"(我明明这么忙!我也想优哉游哉地看电视!)

↓

"真让人火大!"(轻度愤怒)

↓

"明明什么都不懂,还在那自大地说一大堆!"(中度愤怒)

"真是的,还得准备晚饭!"(愤怒值达到顶点)

"'很重吧''累坏了吧'……跟我说几句贴心的话多好!"(搞得我像个傻瓜一样!)

妻子为了家辛苦付出,即便知道东西会很重却还是买了回来。不过,因为妻子的语气不太好,丈夫听起来感觉像是抱怨,丝毫不会产生感恩之情。

希望丈夫们明白,妻子是为了家庭需要而努力提回来的。那么在实际生活中应该注意哪些方面呢?

对话时要注意 3 点:

1. 首先慰劳妻子。
2. 妻子做事也有自己的道理,不用过多建议。
3. 最后送上一句暖心的话。

1. 首先慰劳妻子。

如果丈夫说完"你回来了"之后,妻子没有回应"我回来了"之类的话,就请丈夫把弦绷紧吧。如果正躺在沙发上请坐直,正开着电视请关掉。

然后,请关注妻子的第一句话。妻子只是希望丈夫能慰劳自己而已。

2. 妻子做事也有自己的道理,不用过多建议。

常常购物的妻子有"购买厂家"和"购买基线"。例如,如果某个品牌的纸巾只需要 250 日元左右,就达到了购买基线,等等。这是妻子做事的道理。

夫有夫论,妻有妻论。所以,多余的建议是无用的。

在这种场合下,妻子根本不需要建议之类的……

3. 最后送上一句暖心的话。

妻子为了家人辛辛苦苦地把那么多东西提回家,都是出于对家人的亲情以及奉献精神。丈夫也要回应这种亲情和奉献精神。

那么,以此为基础,在实际生活中应该如何回答呢?我们把它应用到刚才的事例中。

场景 7 买完东西后回家

你回来了!

 啊!好重啊!

怎么买这么多?你都买了什么?

 买了什么?当然是买了必需品!

 除了吃的,还有好多要买的。你不去买当然什么都不知道了!

好像的确如此。太辛苦了,很重吧。

 真是的,重得我都烦了。

下次你给我发信息,我去接你。

 是吗?但是,之前发信息,你似乎嫌麻烦啊!

是吗?以后我会去接你,或者跟你一起去买东西。

 希望如此……但休息日你不是想悠闲地度过吗?

有时候想那样,但我尽量跟你一起去。

辛苦你了,给你泡茶喝!

推荐说给妻子听的暖心话语

1. 你总是提那么多东西回来,为了这个家真辛苦你了。
2. 累坏了吧?如果晚饭没决定好做什么,就由我来做吧,或者叫外卖?
3. 东西收纳到哪里?我来帮忙。

绝不能对妻子说的话语

1. 你在焦躁什么!我只是问你买了些什么回来!
2. 这些东西又不是现在立马需要!
3. 就算这些东西便宜了,但你总会在其他地方产生浪费!

场景 **8**

简单的东西就好

"我的本意明明是为你着想……"

丈夫加班提前结束,突然给妻子打电话说要吃晚饭,而妻子什么都没准备,这是日常常见场景之一。

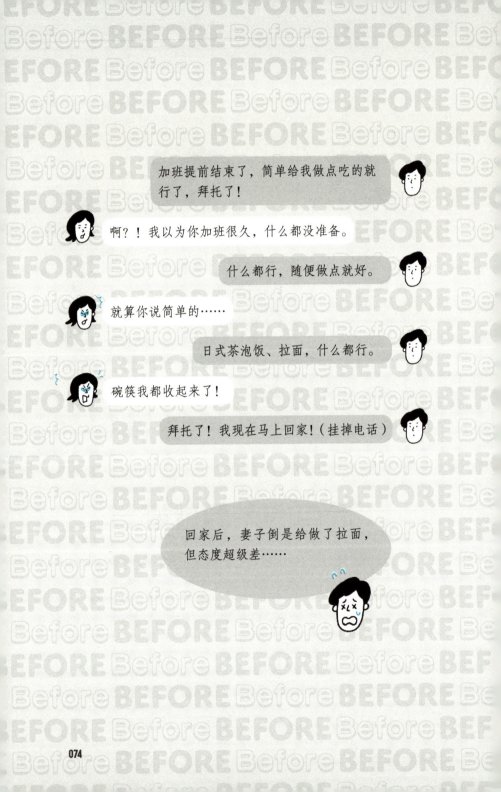

场景 8　简单的东西就好

丈夫加班提前结束,不知道晚饭该如何解决,于是给妻子打了电话说要在家吃。

那么,丈夫是以什么样的心情给妻子打电话的呢?

丈夫的心理变化

"比预想中结束得早啊。"(晚饭如何解决呢?)

⬇

"虽然可以在外面吃,但还是回家吃吧。"(在家更自在,也能慢慢吃)

⬇

"给我简单做点就行,没关系的吧。"(不要求做什么美味佳肴,妻子做起来也容易,也能体现我对她的体贴)

⬇

"那就打电话吧。"(早点打比较好吧)

男性对饮食没那么大兴趣,"不太在意味道""能填饱肚子就好"。因此,丈夫很轻松地就打了电话:"简单给我做点吃的就行了,拜托了!"

妻子经常做晚饭,我以为这么简单的便饭,她做起来毫不费力啊……

那么,接到电话的妻子是什么样的想法呢?

妻子的心理变化

"咦?!老公打来的电话?"(有什么事呢?)

⬇

"简单的就行?"(就算是简单的,但什么准备都没有,什么态度嘛!)

⬇

"还'拜托了',说的什么话啊!"(好像我做饭是应该的!)

⬇

"'什么都行?'"(这么突然,我很难办啊!)

⬇

"茶泡饭?拉面?"(多没营养啊,不能就吃这些啊!)

⬇

"事先跟我说一下多好!"(真的是没脑筋!)

↓

"简单的、简单的,真是自说自话!"(轻度愤怒)

↓

"我都说了碗筷都收起来了!"(中度愤怒)

↓

"说完自己想说的就挂断电话!不只是做饭,老公一定觉得所有家务都很简单吧,把我当傻瓜一样!"(愤怒值达到顶点)

↓

"就算只做茶泡饭、拉面,也要各种准备,各种收拾,很辛苦的好不好。有那个时间,我还能做其他的事!"(老公太自私了,从不会为我考虑!)

因以上种种心思,妻子的心情变得超级差。那么,在实际生活中应该注意哪些方面呢?

对话时要注意 3 点:

1. 禁止说"简单"。
2. 关注妻子的第一句话。
3. 爽快放弃。

1. 禁止说"简单"。

这段对话最大的问题就是"简单给我做点吃的就行了"。就是这一句点燃了妻子的怒火。因为妻子感觉丈夫所说的"简单的东西＝做饭很简单＝做家务也很简单",自己的付出受到了丈夫的轻视。

本不想给妻子多添麻烦,才说的"简单"……

即便丈夫的本意是为妻子着想,但说"简单"在夫妻之间是忌讳。

2. 关注妻子的第一句话。

丈夫有丈夫的不方便,妻子也有妻子的不方便。如果妻子在电话里犹豫,请尊重妻子。

3. 爽快放弃。

丈夫应该也明白妻子不想做,这时就爽快地放弃吧。

那么,基于以上种种,在实际生活中应该如何回答呢?让我们把它应用到刚才的事例中。有两种应答模式。

场景8 简单的东西就好

模板 1　去外面吃（爽快放弃）

加班提前结束了,家里有什么吃的吗?

 啊?!我以为你要加班很久,所以什么都没准备。

那我去外面吃吧!

 不好意思,那你就在外面吃吧。

模板 2　在家里吃（怀有感激之情）

加班提前结束了,家里有什么吃的吗?

 我以为你加班很久,所以什么都没准备,不过茶泡饭之类的很快就能做好。

这么突然真是抱歉,那就拜托你了!

 我知道了。

绝不能对妻子说的话语

1. 我不是说什么都行吗!
2. 茶泡饭和拉面做起来很简单啊!
3. 一下子就能做出来呀!

场景 **9**

感冒了

"是你说自己生病了,我也是体谅你……"

妻子身体不适,给丈夫发信息说自己不舒服。丈夫体谅妻子,做出了自以为是为妻子着想的回应。但是妻子有何感想……这是交流产生分歧的一个例子。

我好像感冒了……

是吗？

那我晚饭就在外面吃了，你好好休息就好了。

 啊？！你心里只有你自己？！

 你不在意我和孩子吃饭的事吗？

我是为你着想才说在外面吃的。

 你只想着自己……你啊，真自私！

那你说我该如何做？

 你自己想想不就好了！

所以，该怎么做呢？

 （彻底无语……）

丈夫的本意是不想让妻子为自己多费心，结果适得其反。

自己的体谅和妻子的想法完全不在一个频道……

那么，丈夫抱有什么样的想法呢？

丈夫的心理变化

"好像感冒了？"（虽然不知道症状有多严重，但既然说好像，那就没什么大问题）

⬇

"妻子和孩子的吃饭问题？"（这很重要吗？）

⬇

"什么？我自私？"（自己能做的就是在外面吃，本意明明是不给妻子添麻烦）

⬇

"你自己想想不就好了？"（我不知道该买什么，也不想因为做多余的事情而被抱怨，所以才问妻子的啊）

"竟然无视我！"（如果妻子能打电话更详细地跟我说，我就有办法处理，或者说清楚买什么我就买回去了。真是的，生什么气啊！我不能理解）

即使妻子发信息说"好像感冒了"，丈夫也会因为完全不知道症状，而把问题想得简单。

所以，如果妻子没有说清楚，丈夫就会觉得妻子能做些简单的饭菜吃。

我只是想减轻妻子的负担……

那么，妻子是什么样的想法呢？

妻子的心理变化

"好像感冒了。"（姑且给老公发个信息吧）

"晚餐在外面吃？"（那我和孩子的饭该怎么解决呢？）

场景9 感冒了

⬇

"而且,不担心我吗?"(我以为老公会有点担心我,结果太让人失望伤心了)

⬇

"体谅我?"(归根结底,还不是只想着自己吗!)

⬇

"还问我该如何做?那种问题还得问我吗?!"(轻度愤怒)

⬇

"看看我平常都怎么做的不就知道了!"(中度愤怒)

⬇

"老公生病的时候,我明明那么尽心地照顾他!"(愤怒值达到顶点)

⬇

"够了!"(反正老公觉得我怎么样都无所谓!我一直在精心地照顾老公和孩子,他却连关心我都不会,我就像个笨蛋!)

妻子期待着丈夫能关怀一下自己,但是收到的信息却是与关怀相差甚远的话语,所以有一种被背叛的感觉。那么,在实际生活中应该注意哪些方面呢?

3 POINT

对话时要注意 3 点：

1. 首先关怀妻子。
2. 发挥想象力，具体询问妻子。
3. 告诉妻子会早点回去。

1. 首先关怀妻子。

妻子身体不适的时候，希望得到丈夫的关怀。因为丈夫生病的时候妻子就是这么做的。

> 即使心里担忧，但只要没说出口，妻子就觉得"丈夫不关心我"……

不过，有很多男性不知道该如何表达自己的关怀。

建议这种时候，先询问妻子的病情。有人询问自己的病情，妻子就会觉得受到了关怀。

2. 发挥想象力，具体询问妻子。

妻子很少发"好像感冒了"之类的信息。正因为如此，先把妻子的病情想得严重一些,当作 SOS 一样。

发挥想象力,回想自己身体不适的时候妻子都做了什么,并且询问妻子的具体情况。

3. 告诉妻子会早点回去。

如果加班无论如何也推脱不掉,要马上给妻子发信息,然后思考订外卖等方法。

其他情况就请尽早回家。困境就是机会。妻子身体不适的时候,妻子有困难的时候,妻子辛苦的时候,就轮到丈夫大显身手了。

此外,妻子还会一直记得,在自己很辛苦、遇到困难的时候,丈夫做了什么,没有做什么。这个时候对丈夫的评价对今后的生活会产生很大的影响。

> 原来如此。担心妻子的时候,就要把自己的担忧告诉妻子。

那么,基于以上种种,在实际生活中应该如何回答呢?让我们应用到刚才的事例中。

好像感冒了……

 是吗?有什么症状吗?

 身体乏力,有点发烧。

 食欲怎么样?晚饭我买点什么回去吧?

 我没胃口,你能给自己和孩子们买便当吗?

 收到!对便当有要求吗?

 给孩子们买××便当,你自己的你看着买。

 收到!还有其他要买的东西吗?水果、饮料,或者明天要吃的面包之类的。

 那在便利店买一些布丁和明天吃的主食面包吧。

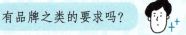 有品牌之类的要求吗?

 哪个都行。

 知道了!我会尽快回去的!

补充要点

如果身体不适的妻子说"买乌冬面回来",你会买什么样的乌冬面带回家呢?乌冬面也是各种各样的。

干面、煮面、杯面、铝锅烤乌冬面、冰镇乌冬面,等等。

如果你想做好吃的乌冬面给妻子吃,可以买干面和煮面。但是,如果是妻子自己做着吃,尽量选择做起来不费事的乌冬面吧。另外,尽量问一下妻子什么样的乌冬面比较好。

乌冬面只是一个例子,如果身体不适的妻子拜托你做点什么,要注意选择做起来不费事的,如果方便问就详细问一下妻子的需求。

绝不能对妻子说的话语

1. 你不跟我说清楚,我也不明白啊!
2. 不知道才问你的呀!
3. 真是的,随你的便!

场景 **10**

烦恼咨询

"我只是提些建议……"

工作完回到家的妻子似乎因为职场的人际关系而深感压力。丈夫听了妻子的烦恼后想给出出主意,结果出现了分歧,不知不觉间就吵起来了。

今天去打零工,出门的时候接到了某某妈妈的电话,结果差点迟到。

 然后,不知道是不是前辈心情不好,我被她讽刺了。但她自己有时候也会迟到啊。

 迟到是不好,但我也经常早去,前辈她就正常地跟我说一下不就行了,非得挖苦我,让我一整天心情都不好!

不用在意那些,以后注意点就行了。

 你这叫什么话?是在说我做错了吗?

我没这么说吧。

 你就是在说我!

我没说。人家是前辈,你抱怨只会让事情更别扭。

 我知道,所以,我什么都没说就直接道歉说"对不起"了!

那不就行了。你太在意细节了。

 够了!就不该跟你说!

丈夫听了妻子的烦恼后从自身的角度给出了建议,但不知为何事情却适得其反。那么,丈夫是以何种心情听妻子诉说的呢?

丈夫的心理变化

"是在说打零工啊?"(又是发牢骚吗?)

↓

"果然是发牢骚。"(还是那些无关紧要的事情。反省后道个歉就行了)

↓

"在生什么气?"(我只不过说了该说的话而已)

↓

"我做错了?"(我没那么说啊,她在说什么呢?)

↓

"又在说些不知缘由的话。"(前辈说的话,听听就行了)

↓

"道歉了吗?"(道歉就行了,她想说什么?)

↓

"最后总是会闹得不愉快。"(真麻烦,搞不懂啊)

丈夫是不是觉得:"我们男人更辛苦!就这么点小事值得生这么大气吗?"那么,妻子到底是什么样的心情呢?

妻子的心理变化

"啊,心情好差啊。"(老公看起来很累,但是还是想让他听我诉诉苦)

↓

"不用在意那些,以后注意点就行了?"(我也知道,但就是很堵心才跟老公说的)

↓

"我只是希望老公安慰我一下而已。"(老公为什么就是不明白呢?好伤心啊)

↓

"怎么搞得好像是我的不对!"(轻度愤怒)

↓

"老公总是否定我,站在我的对立面!"(中度愤怒)

↓

"老公完全不想知道我是以怎样的心情向前辈道歉的!"(愤怒值达到顶点)

↓

"老公就是事不关己高高挂起,跟我一点也不亲近!"(只要听我诉下苦就好了,为什么就这么一点要求都做不到呢?要是没跟他说就好了!)

> 从"伤心"到"愤怒",妻子的情绪发生了变化……

当妻子跟丈夫倾诉的时候,丈夫一般不会想得太深,而是试图让妻子平静下来,或者总结一下话题并早点结束它,所以往往会说出一些大道理,结果就导致夫妻吵架反复发生。那么,在实际生活中应该注意哪些方面呢?

对话时要注意 3 点:

1. 首先安抚一下妻子。
2. 讲大道理对妻子来说是行不通的。
3. 听一听妻子的抱怨和牢骚就好,不需要给出解决方案。

1. 首先安抚一下妻子。

有不高兴的事情或者开心的事情发生时,女性都希望和身边最重要的人(特别是丈夫)产生共鸣。

女性想要的共鸣就是希望别人理解自己。得到理解了，就感觉受到了安慰。

因此，听了妻子的话后，丈夫回应的第一句话是最重要的。如果第一句回应是得当的，会大大减少吵架的发生。第一句回应应该是：

"原来发生过这样的事情啊。"

"那真是太糟糕了。"

"原来是这样。"

"那当然会让人心情差了。"（重复妻子最后表达的心情）

……

必须是肯定妻子的话。而且，这句话不仅证明了自己在听妻子诉说，也是谈话的一个缓冲。因此，不要在第一句回应中就说出自己的意见或想法。

2. 讲大道理对妻子来说是行不通的。

"你应该这样做……"

"这是常有的事。"

"一般都是这样的。"

……

这些都是大道理。

那么，妻子为什么听到大道理会生气呢？其实妻子也明白事理。知道是知道，但心情就是不好，想让丈夫听一听以便整理一下自己的心情。对于女性来说，"让别人听自己诉苦 = 整理心情"。

另外，如果妻子表达了自己的想法，就是希望丈夫也能有同样的想法。在这种情况下，对于妻子而言，丈夫说大道理就相当于：

- 事不关己，感觉自己受到了轻视。
- 以高高在上的视角看待自己，感觉自己受到了责备。
- 在审判自己说的话是否正确。
- 否定自己，站在自己的对立面。

因此，丈夫出于好意说的大道理对妻子是行不通的，会适得其反。

3. 听一听妻子的抱怨和牢骚就好，不需要给出解决方案。

妻子的倾诉在丈夫听来就是抱怨和牢骚吧？他们却还试图提出建议来解决。这不是自相矛盾吗？说到底，抱怨和牢骚不需要任何建议和解决方案。

而且妻子想跟丈夫商量的时候会事先说明是商量，烦恼的时候会告诉丈夫令自己烦恼的事情。

除了商量和烦恼以外，妻子的话只不过是说一下今天的情况而已。所以丈夫只要随便听一听就行了。

什么？只听一听就够了吗？

妻子只是单纯地想找人诉说一下，所以丈夫只需要听一听就足够了。只要丈夫听自己诉苦，妻子就会感到丈夫是自己的同伴，很快便能结束抱怨。

那么，基于以上种种，在实际生活中应该如何回答呢？让我们应用到刚才的事例中。

场景 10　烦恼咨询

今天去打零工,出门的时候接到了某某妈妈的电话,结果差点迟到。

然后,不知道是不是前辈心情不好,我被她讽刺了。但她自己有时候也会迟到啊。

迟到是不好,但我也经常早去,前辈她就正常地跟我说一下不就行了,非得挖苦我,让我一整天心情都不好!

发生了这样的事啊,真糟糕啊。

是啊。我先道歉说了"对不起",如果她的语气正常一点,我也不会有这么大反应,心情也不会这么差。

是啊。已经好好道歉了。你也不容易,可能前辈心情也不好吧。

可能是吧。女性都是各种辛苦。

是啊。明天或许前辈也忘得一干二净,和往常一样了。

可能吧。之前也是这样的。

你明明很累,我还跟你抱怨一大堆,谢谢你!

099

推荐说给妻子听的暖心话语

1. 明明经常准时准点到,一次迟到就被挖苦,确实让人心情不愉快呢。
2. 我们认真道过歉了,说明我们是成熟的人。
3. 虽然我只能听你诉一下苦,但只要你想说我随时在。

绝不能对妻子说的话语

1. 别为这么无聊的事烦恼了,过几天就忘了。
2. 觉得自己做错了道个歉不就好了。
3. 你这算什么啊,我更辛苦。

场景 **11**

哪里都可以

"只不过是你问我,我随口答一下……"

丈夫只不过用"哪里都可以""什么都可以"来回答妻子,结果妻子突然就被这种态度激怒了。这是日常对话中常见的一幕。

老公,这次的连休打算怎么过?

怎么度过呢……

去旅行吗?

嗯,去也行……

有想去的地方吗?(有点生气)

没有特别想去的地方,哪里都可以。

又是哪里都可以,什么都让我决定,你也稍微想想吧!

我没有想去的地方,就交给你决定了。

你真是的,我刚才问"晚饭想吃什么",你就说"什么都行"。你都没有自己的主见吗?

并不是没有……

那你就认真想想吧!不要什么都强加给我!

我不是那个意思……

那你就跟我说连休怎么度过吧!

我知道了。那你要我怎么说?

你说该怎么说!你自己想想吧。
真是够了!(愤怒地离开原地)

……

在放松悠闲的时候，妻子突然问起了连休的事，丈夫觉得有点烦就随便答了答。

那么，丈夫抱有什么样的想法呢？

丈夫的心理变化

"这次的连休？"（连休？还有很久才到，我什么都没想过）

↓

"旅行？"（去也可以，但是去哪里都很拥挤，真麻烦）

↓

"问我哪里好？"（没什么特别想去的地方，我只不过是想陪妻子去她想去的地方，她在生气什么？）

↓

"我对旅行也不精通，查攻略也嫌麻烦，如果我想去的地方令人失望，那就是我的责任。"（交给妻子多轻松）

↓

"晚餐的事？"（以前我说自己想吃什么的时候被妻子抱怨过，而且我喜欢的食物营养不均衡，妻子给我做的更注重营养）

↓

"强加？"（我没那个意思，旅行去妻子想去的地方，晚饭也是妻子做什么我就吃什么）

↓

"那你要我怎么说？"（真麻烦，连休在家待着就行了）

丈夫并没有恶意,应该是想着"优先考虑妻子的需求"。那么,妻子是什么想法呢?

妻子的心理变化

"对了!要不要问问连休的事呢?"(讨厌事到临头才慌忙地考虑,所以必须早点决定)

↓

"'怎么度过呢',果然什么都没想过。"(有点遗憾)

↓

"好不容易有个连休,多令人期待啊,只有我这么想吗?"(有点寂寞)

↓

"'去也行',好像事不关己。"(希望老公能偶尔主动问我)

↓

"哪里都行,又来了!"(轻度愤怒)

↓

"'交给你',每次都是这样,刚才问吃什么晚饭时也说'什么都行'。"(中度愤怒)

↓

"永远都不会主动为我考虑!"(愤怒值达到顶点)

↓

"我关心老公,事事为他着想、问他意见,他却从不会主动为我做任何事!"(一直都只有我单向付出,像个笨蛋!)

丈夫认为自己说的"哪里都行""什么都可以"就是尊重妻子的回答。

那么,妻子听到会做何感想呢?

"哪里都行""什么都可以"听着就是"无所谓",把任何麻烦的事情都一股脑地抛给妻子,让人觉得他是个不想动脑的人。

那么,在实际生活中应该注意哪些方面呢?

对话时要注意 3 点:

1. 试着反问妻子。
2. 试着挑战一下自己力所能及的事。
3. 自己提议下次商讨。

1. 试着反问妻子。

提问题前毫无前兆、没有开场白、突然提出来,这是女性说话的一个特点。所以当突然被问到还没有考虑过的事情时,丈夫会感到些许困扰。这时可以试着反问,"你怎么打算的?"

妻子很反感丈夫嫌自己麻烦、敷衍自己。

但是,如果丈夫问自己:"你怎么想的?"妻子就会觉得丈夫在认真考虑，然后发展成正常的对话。

> 真的只是一点点用语的差别，接受程度就完全不一样了。

2. 试着挑战一下自己力所能及的事。

丈夫是不是觉得什么都要交给妻子做，交给妻子就感到放心？

可以交给妻子。但是，妻子想要有和丈夫一起思考的一体感。如果妻子体会不到这种感觉，就会觉得"都只是我一个人在付出"，进而心怀怨气。

先试着挑战自己力所能及的事，养成和妻子一起思考问题的习惯吧。

3. 自己提议下次商讨。

妻子提出了连休的话题后，丈夫可以提议下次商讨。

那么，在实际生活中应该注意哪些方面呢？让我们应用到刚才的事例中。

场景 11　哪里都可以

 老公,这次的连休打算怎么过?

 怎么度过呢……

 去旅行吗?

 嗯,去也行……

 有想去的地方吗?(有点生气)

 没特别想去的地方,你想去哪里?

 也没有特别想去的……

 那上网查查吧,或者买杂志找找看!

 知道了!我也找找看!

 那连休的事,下周再一块探讨吧。

 嗯,就这么办!

"上网查查吧""买杂志找找看"不是在讨好妻子,是试着挑战自己力所能及的事情,请一定执行。"连休的事,下周一块探讨吧"是提议下次进行商讨。

如果因为工作忙、空不出时间商讨,请提早跟妻子说,"这周工作忙,可以挪到下周吗?"如果觉得妻子会理解你工作忙碌而忽视此事,那你要失望了,她只会觉得你又失信了。

所以,事先搜集信息探讨各种攻略,不仅能对妻子的问题对答如流,夫妻关系也能升温。

推荐说给妻子听的暖心话语

1. 天气太冷了,去泡温泉怎么样?
2. 天气太热了,有没有好的室内休闲场所呢?
3. 一边观光一边吃美食,如何?
4. 去赏樱花怎么样?
5. 马上就到××季节了。要不要去以前电视上宣传过的××?
6. 现在的孩子喜欢什么样的地方呢?

绝不能对妻子说的话语

1. 连休还早着呢!
2. 连休那会儿不论去哪里都又贵又累!
3. 我只是说随便,去哪儿都行。你生什么气啊!

场景**12**

忘记吩咐

"不是故意不做的……"

因为忘记了妻子的吩咐而被妻子责怪的丈夫……
该如何摆脱来自妻子的无限循环的愤怒呢?

老公,你忘了关厕所的灯。

啊,是吗?

还说是吗……之前你也忘了关。

那只是偶尔吧。不小心忘了。

这可不是偶尔。

之前你就忘了扔垃圾,洗完东西后水槽周围湿淋淋的也没擦,盥洗室的灯泡不是也没马上换吗?

是吗?

是啊!反正你总是觉得我说的话无关紧要!

没那回事。只是忘了而已。

忘记了本身就叫人难以相信。

今后我会注意的。

之前你也说过同样的话,自己说过的话还不是忘了……你当我傻吗?

你太小题大做了。我没觉得你傻。

那你为什么会忘啊?

所以我不是说下次会注意吗!

真的是,你就总是嘴上说说!

大概有很多男性都觉得，不就是忘了关厕所的灯吗？吵死了。那么，丈夫抱有什么样的想法呢？

丈夫的心理变化

"真是的，又来了！"（吵死了，又不是什么大不了的事，只要注意到的人关掉不就好了）

⬇

"垃圾？洗东西？盥洗室？"（为什么要说之前的事呢？真烦啊）

⬇

"没有觉得妻子的话无关紧要。"（我真的只是忘记了，为什么冲我发这么大火呢？）

⬇

"明明没把妻子当傻瓜。"（为什么要为这种事生气？）

⬇

"真吵啊！"（忘了也没办法啊）

男性是不是想着，我没想惹妻子生气，如果记得肯定会好好做，但只是忘了。

丈夫丝毫不明白妻子哪儿来这么大火气。

那么,妻子是什么样的想法呢?

妻子的心理变化

"老公忘了关厕所的灯,怎么跟老公说呢?"(说了又会吵起来吧?但是他之前也忘记了,还是得说说)

↓

"'啊,是吗?'"(跟我说句"忘了,抱歉"不就行了?)

↓

"只是偶尔?"(只是偶尔我就不会说了。不只是忘记关灯)

↓

"'是吗?'"(总觉得事不关己一样,让我很失望)

↓

"只是忘了而已?到现在为止我说过多少次了,都没用!"(轻度愤怒)

↓

"会注意的？我已经听过很多次同样的回答了！"（中度愤怒）

↓

"还说我小题大做？老公总是一副满不在乎、我行我素的样子，太不负责任了！"（愤怒值达到顶点）

↓

"老公总是只用嘴说说，后面就忘了！"（我不想老公刚说完就忘记，我每次还得在后面提醒，光是想到今后会重复同样的事情就很烦。我都不想跟老公说话了，一想到今后的事情就很郁闷）

对男性来说是微不足道的事情，但是对女性来说却很重要（当然也有相反的）。男女之间价值观有所不同，感觉上也存在着差异。如果总是以自己的基准进行判断，有时会错过最佳的处理时机。

那么，在实际生活中应该注意哪些方面呢？

对话时要注意 3 点：

1. 只需承认这是一个事实。
2. 为他人着想。
3. 尽量不让自己忘记。

3 POINT

1. 只需承认这是一个事实。

忘记关灯,这是毋庸置疑的事实。"啊,是吗?"这样的回应在妻子听来就像是不承认错误一样。

而且,正因为丈夫不承认,妻子才想起了类似的事情(扔垃圾的事等),进而发了火。

承认这是事实,妻子可能就不会说这说那了。

2. 为他人着想。

男女之间存在个人差异,女性更倾向于为他人着想,而男性则不那么在意他人。例如:

- 在使用盥洗室时,女性会考虑下一个人是否方便使用,所以用完后会把盥洗室整理干净。
- 卫生纸用完后女性一定会换上新的。
- 杂货快用光之前女性会尽快买新的。

……

女性会经常注意生活琐碎,尽早处理。但是男性一般都很难注意到。家庭是几个人共同生活的地方,为了让大家过得舒适,为他人着想是重要的原则之一。

3. 尽量不让自己忘记。

之前当你被妻子说"你忘了做什么"时，是不是都会回答"下次会注意的"？

"扔垃圾、收拾、约定等，不知不觉就忘了……""我想知道能减少日常争吵的交流方法。另外，我也想知道吵架时的道歉方法。"

这样的男性有很多。但从结论上说，没有适用各种情况的万能交流方式和道歉方式。

"只是不知不觉就忘记了""不是故意的，就是忘了"，但对于被遗忘的一方来说，这无疑就是"忘记了"。

男性往往认为忘记并不是什么大不了的事情，是小事，但是，妻子会觉得：

- 丈夫一次又一次地忘记。

- 丈夫一定会忘记，因为他认为这并不是什么大不了的事，只是一件小事而已。

- 丈夫一定觉得这是不重要的人（妻子）说的微不足道的事情，无须那么在意。

- 丈夫轻视我，所以才会满不在乎地忘记。

- 丈夫并不重视我，所以忘记了也毫不在乎。

女性会有这样的推想。

另外，妻子并没有把目前为止丈夫忘了的所有事情都说出来。有时为了避免吵架，有些事情她们没说。但是，无法言明的话憋在心里就变成了压力，最后会在某个时刻爆发。当妻子放弃的时候，有可能就着手准备离婚了。

解决方式不应该是逃避妻子对自己的指责，而是努力不忘记自己应该做的事。有很多丈夫就是因为做不到这一点或对事情置之不理，最后被妻子宣告离婚。

那么，基于以上种种，在实际生活中应该如何回答呢？让我们把它应用到前面的事例中。

场景 12 忘记吩咐

老公,你忘了关厕所的灯了。

啊,是吗?

还是吗?

之前你也忘关了。

是啊,对不起!

我说,你为什么总是忘记呢?

是啊,我得改改健忘的习惯。

要不我在厕所贴上"注意关灯"吧?

倒也可以……

那我马上试试看!

反正又不是第一次。

GOOD!

117

"是啊,对不起"不是因为自己做错了才说的,而是对忘记关灯的事实说"对不起"。

"要不我在厕所贴上'注意关灯'吧?"说明自己想了一个解决方案,好提醒自己不会忘记。

"忘记妻子吩咐的丈夫"代表"拖延的丈夫"。现在,离婚的主要原因之一就是"拖延的丈夫"。"忘记妻子吩咐的丈夫"需要引起充分注意。其实,只有最初改变时会感到有些烦琐,坚持下去就会养成习惯,然后渐渐步入幸福的婚姻生活。

下面就介绍几句暖心话语。

推荐说给妻子听的暖心话语

1. 我想倒垃圾,但经常忘记,如果我忘了,你能提醒我就帮了大忙了。
2. 洗完东西后,除了擦干净水槽周围,还有什么要做的吗?
3. 妻子吩咐自己的时候,当场把它们写在日历、记事本、手机上,做完了就勾除。

绝不能对妻子说的话语

1. 其他注意到的人关掉不就好了吗?
2. 只是忘了而已,絮絮叨叨,真烦!
3. 又没什么大不了的,啰啰唆唆的,我很忙的!

场景 **13**

分担家务

"只不过是想在家里放松放松……"

妻子每天都要忙于家务、育儿,而丈夫每天忙完工作,在家里时就想悠闲地度过。某一天两人打起了嘴仗。

好累啊!如果你很闲,就别看电视了,过来稍微帮个忙吧!

 ……

 做家务、照顾孩子真的好辛苦啊!

休息的时候让我放松一下吧。

 我也想优哉游哉的!但是有很多事情要做,不是放松的时候!

 我说,你在听吗?

 我总是做家务、照顾孩子,连个休息日都没有。我又没有让你做全部事情,就是休息日的时候稍微帮个忙!

每个人都有自己的角色分工,我在外面工作也很辛苦啊!

 什么?角色分工?还辛苦?谁不辛苦,做家务和照顾孩子是全年无休的好吧!

我更不容易啊。做家务和照顾孩子你都能按照自己的步调做吧?

 自己的步调?我完全没有自己的时间好不好。你在开什么玩笑!

场景 13　分担家务

你有休息日可以放松休息，但我没有这样的时间！

在时间的分配上多花点心思不就好了吗？

无语，你是在说我笨吗？

我没这么说吧。我只是说合理利用时间你不就能有空放松了吗？

你在说什么！在外面工作多轻松啊！

你怎么能这么说，你一点也不明白我的辛苦！

你才是一点也不明白我的辛苦！

我不是你妈，也不是保姆！

我没这么说。我知道了。你要我做什么？！

你什么态度！你要这么说，什么都不用你做。真叫人生气！

你怎么能这么说啊？我只是问你要我做什么！

够了！

丈夫很累，只是想放松一下，但妻子说这说那，出于好心给妻子提了建议，结果事与愿违。那么，丈夫抱有什么样的想法呢？

丈夫的心理变化

"好累，只是想好好休息而已。"（又来了，吵死了）

⬇

"妻子说什么也想悠闲地度过。"（做事更有要领不就有空闲时间了？）

⬇

"我挣钱也是为了养活妻儿。"（赚钱是很辛苦的）

⬇

"家务、照顾孩子在家里就能做，但是出去工作，肉体和精神上都很累，我更辛苦好不好。"（而且，看到可爱的孩子，疲劳都会消失吧）

⬇

"妻子才是什么都不懂。"（稍微理解一下我吧）

⬇

"我知道了，吵死了。"（该怎么办才好？）

⬇

"我明明问了妻子想要我做什么。"（妻子反而生气了，我心情才更差啊！）

场景 13　分担家务

丈夫并不想惹妻子生气，但最终却惹恼了妻子。

不知道妻子为什么生气，感到困惑……

那么，妻子到底是什么想法呢？

妻子的心理变化

"好累啊！"（老公工作也很忙，也很累吧！）

⬇

"老公在那悠闲地看着电视，我也想有休息日休息一下。"（好羡慕）

⬇

"从早上开始我就忙来忙去，难道老公就没想过要帮我一点吗？"（好没眼色，真是个呆子）

⬇

"每次我要说点什么的时候，老公一定会说'在外工作更辛苦'。"（我知道很辛苦，但只需要稍微帮一点，我就能歇一歇）

123

↓

"家务和照顾孩子能按照自己的节奏来做吗？合理利用时间？我这么努力了，为什么总是否定我！"（轻度愤怒）

↓

"老说他更辛苦之类的，压根不知道我的辛酸，理所当然地认为所有家务就该我来做！"（中度愤怒）

↓

"就因为我是家庭主妇，所以看不起我！"（愤怒值达到顶点）

↓

"说什么'要我做些什么'之类的，那么不情愿，即便做了我也不开心，但凡老公对我稍微体贴点，就会主动帮忙了。真是够了！"（无论我怎么努力，老公都认为这是理所当然的，根本不会体恤我，我是为什么与他做夫妻呢？）

夫妻吵架是互相否定的大战，所以变成了"我才更辛苦"的辩论大会，结果会导致同样的争吵反复上演。

事已至此，别无他法了，我想知道如何避免否定之战……

场景 13 分担家务

那么,在实际生活中应该注意哪些方面呢?

对话时要注意 3 点:

1. 清楚家务、育儿是伟大的工作。
2. 理解妻子做了很多无名家务。
3. 首先,慰劳妻子。

1. 清楚家务、育儿是伟大的工作。

丈夫会不会从心底认为,赚钱养家的人就处于优势地位呢?

明目张胆地说出"我更不容易"这种话,妻子就会觉得自己的努力被否定了,为了让对方明白自己的辛苦,不知不觉就会恶语相向,想要反驳:"我才更辛苦"。

话说回来,你知道家庭主妇的烦恼之一就是"不能堂堂正正地说出自己是家庭主妇"吗?

唉,这是怎么回事?

- 被工作的朋友问道"白天在做什么?"会感到沮丧。
- 周围的人都觉得家庭主妇既有钱又空闲,但不知道其中的辛酸。
- 别人觉得家庭主妇做家务、育儿都是理所应当的,并且觉得谁都能做。
- 工作不如意,可以找地方发泄,但家庭主妇必须认真做事。
- 妈妈圈的朋友回归工作了,感觉自己被甩在后面了。
- 现在这个时代被称作是女性活跃的时代,但自己完全活跃不起来,很焦虑。

……

虽然作为全职主妇有时感到幸福,但是作为全职主妇的骄傲却完全没有,更没有自信。这样的女性有很多。家庭主妇可能才是最孤独、最容易受孤立的工作。正因为如此,才需要丈夫的理解和鼓励。

考虑到"角色＝工作"时,做家务、育儿是金钱无法替代的伟大工作。赚钱自然辛苦,但是,如果把做家务、育儿换算成工作,金钱数额就相当大了。更重要的是,你自己的家、你自己的孩子,除了妻子以外,能放心地交给别人吗?

2. 理解妻子做了很多无名家务。

工作中存在着许多无名的工作内容，例如咨询师这项工作。

咨询师的工作内容包含电话咨询。但是，在接受电话咨询之前以及之后，还存在着各种各样没有名字的工作内容。

管理博客、电子杂志、官网主页等，写文章、收集信息、制作资料，检查邮件、收发邮件，管理银行账户、备齐必要的文件，进行电话咨询、归档、管理……

罗列越细，无名工作就会越多。

像这种工作，甚至任何工作，在事先准备和善后过程中都有很多细致入微的内容，它们都没有名字。

其实，做家务也是一样的，你知道有很多的无名家务吗？

例如"倒垃圾"，需要经常提醒自己垃圾收集日，收集垃圾、换垃圾箱的袋子、垃圾分类、归拢垃圾、倒垃圾……除此之外，还有更多的环节，比如剥离塑料瓶和空瓶子的标签。

如上所述，家务中有很多无名家务。而且除了倒垃圾，洗衣服、洗东西等都隐藏着各种各样的无名家务。

我想男性不想做家务的潜台词之一就是"嫌麻烦"，或许正是因为知道这些无名家务的存在吧。做家务是需要复合能力的非常辛苦的工作。

3. 首先,慰劳妻子。

家庭主妇对丈夫不满其实不是因为"丈夫什么都不做",而是"丈夫不体恤自己"。

妻子希望丈夫承认自己在努力,希望得到丈夫的慰劳。不管是谁,付出的努力都想得到肯定。妻子想要的就是体恤、慰劳的话。

确实,如果连我都不慰劳妻子,妻子真的很少有机会能得到肯定……

"慰劳的话语 = 得到认同 = 妻子产生自信"。

丈夫或许想,自己也想要别人来慰劳!但男性可以在公司得到表扬,或者通过工资来得到肯定。

首先,从慰劳妻子开始,让妻子恢复作为全职主妇的骄傲,恢复对自己的自信,如此便会感激丈夫、体恤丈夫。

所以,从慰劳妻子开始行动起来吧。

基于以上种种,在实际生活中应该如何回答呢?让我们把它应用到前面的事例中。

场景 13　分担家务

 好累啊！如果你很闲，就别看电视了，过来稍微帮个忙吧！

哦，是啊。从刚才开始你就一直在忙。那我去晾洗好的衣服吧？

 我早晾完了。

这样啊，你辛苦了。我不知道该做什么，你告诉我要做什么，我来做。

 那能帮我洗一下东西吗？

知道了！

当妻子结束家务时，奉上有效的"暖心话语"

辛苦了。咖啡泡好了，一起喝吧。

我带孩子去公园，你休息一下吧。

你每天都很辛苦，今晚咱们点外卖吧？

你都没有自由时间，所以要出门或者有什么计划，告诉我，我会帮你忙！

我不机灵，不知道自己该做什么，但我想帮你，你有事就直接吩咐我做吧！

129

绝不能对妻子说的话语

1. 累了休息一下不就行了!
2. 难道不是你做事不得要领吗?
3. 空闲时间只能自己挤出来吧。

场景 **14**

完美主义

"生气了……该怎么办才好呢?"

丈夫常常想帮点忙,但是妻子是个完美主义者,事事都要求亲力亲为。下面是一个忙忙碌碌的妻子和不知道该如何对待妻子的丈夫之间的对话。

啊，好忙啊！（洗完餐具后，正在打扫）

……

让开！

……

为什么时间不够用啊！

要我做点什么吗？

没事的！

（妻子在打扫的时候，丈夫抱着女儿在走动，碰巧向同一方向移动。）

碍事！别走进我的移动路线！

（匆忙移开。）

真是的！来不及了！

不用全部做完呀。

你在说什么！回家就有很多事要做！

不用做得那么完美。

你能安静会儿吗！我很忙！

场景 14　完美主义

　　每次休息日出门前都能看到妻子焦躁不安地四处走动。那么，丈夫是以什么样的心情看待妻子的呢？

丈夫的心理变化

　　"为什么一个人在那又做家务又那么烦躁呢？"（我在旁边看着心情也变差了）

↓

　　"为什么要求那么完美呢？"（感到不可思议，感觉在讽刺我一样）

↓

　　"明明一起做完成得更快。"（是不相信我吗？）

↓

　　"总觉得心情不好。"（对孩子的教育也有影响，这样出门也不开心）

　　丈夫在做家务和育儿方面不追求完美，对妻子的拼命付出虽然感激，但心里面却不是很舒服。那么，妻子到底是什么样的心情呢？

妻子的心理变化

"啊,好忙啊!"(只是单纯觉得忙而已)

↓

"不光要洗碗、打扫、准备晚餐,还要检查一下出门要准备的东西!"(光是把一件件要做的事在脑海里转一圈就让人晕头转向了)

↓

"有什么要帮忙的吗?"(即使老公不帮我,我一个人也没问题)

↓

"老公挡到我了,碍事!"(只是一心想着尽快做完)

↓

"必须加快速度了,不然来不及了!"(只是想按计划去做,所以很拼命而已)

↓

"我很忙,别跟我说话!"(因为我要赶紧把事情做完,按时出门)

被妻子说"让开!""碍事!"之类的话,丈夫不仅会感到不愉快,同时也会感到茫然,不知道该做些什么才好。

场景 14 完美主义

即使我想帮忙也会被拒绝,真的不知道该做什么才好,束手无策……

那么,该如何对待这样的妻子呢?

对话时要注意 3 点:

1. 妻子事事都想亲力亲为。
2. 妻子说的话几乎都是"自言自语"。
3. 用暖心话语结尾。

3 POINT

1. 妻子事事都想亲力亲为。

完美主义的妻子,其实事事都想亲力亲为,同时让别人做自己会有压力。

当一个完美主义的妻子被丈夫问道"要做点什么吗?""有什么需要帮忙的吗?"时,如果她回答"没问题",那么就是真的没问题。

- 没关系,我自己来。
- 没事,你有这份心就足够了。
- 没关系,让你来做我也很不好意思,还是我来做吧。

就是这些意思。

因此,如果完美主义的妻子说"没问题",丈夫就老老实实地待着什么都不要做,这样反而会更顺利。

2. 妻子说的话几乎都是"自言自语"。

女性会通过说话来整理思绪、推进事情发展。因此,完美主义型妻子只不过是一边自言自语,一边做家务而已。

当男性听到完美主义型妻子所说的话时,感觉好像受到了责备,也可能会深深地受伤。不过大部分都是妻子没有恶意的、单纯的"自言自语",所以不要想太多,不在意就不会有问题。

3. 用暖心话语结尾。

如果你想让完美主义型妻子轻松一点,就让妻子随心所欲,最后用暖心话语来慰劳一下就好了。

那么,基于以上种种,在实际生活中应该如何回答呢?

场景 14 完美主义

 啊,好忙啊!(洗完餐具后,正在打扫)

 ……

 让开!

 ……

 为什么时间不够用啊!

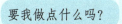 要我做点什么吗?

 没事的!

(妻子在打扫的时候,丈夫抱着女儿在走动,碰巧向同一方向移动。)

 碍事!别走进我的移动路线!

(什么也不说,做自己力所能及的事。)

当妻子结束家务时,送上有效的"暖心话"

辛苦了。一直以来谢谢你。

谢谢你一直把家收拾得这么整齐。但是不是有点努力过头了。

谢谢你一直把家里整理得这么干净,但我很担心你的身体,我希望你能学会偷懒。

一直以来谢谢你了。我做可能还得你返工,但只要你叫我,我随叫随到。

顺便说一下，完美主义型妻子在做事时会很拼命，所以在家务告一段落的时候及时送上有效的暖心话吧。

补充要点：如果你的妻子是完美主义者

让你的妻子按照她自己的喜好来做事，你只需温柔地守护她即可，最后慰劳一下妻子，这就足够了。

完美主义型妻子，在完美主义模式以外的情况下都是很日常、很温柔的。不过，一位男性咨询者曾对我说："每次看到妻子很温柔，我都会感到害怕。"

也许，有些读者可能会对完美主义的妻子感到恐惧，但我希望你能稍微转换一下自己的想法。

绝不能对妻子说的话语

1. 你说话什么态度啊！
2. 为什么一个人在那烦躁！
3. 那么烦躁，搞得我心情也变差了！

场景 **15**

饭后洗碗

"立马就洗的妻子" VS "待会儿再洗的丈夫"

本应由丈夫洗碗,可是丈夫总是拖延,沉迷于看电视……而妻子希望马上收拾干净……双职工夫妇的常见场景之一。

老公,碗筷还没洗吗?

(看起来不高兴)我知道,过一会儿我就去洗……

不要再说过一会儿了,先快点洗完,之后不就可以悠闲地看电视了!

我知道了。再休息一会儿,之后我就洗。

 之后……现在做完不就行了!

所以我说我就稍微休息一下,按照自己的节奏来!

 你好几次都说按照自己的节奏,但最后都没洗,一直堆到第二天早上!

我知道了。吵死了……我会洗的!去洗总行了吧!

 你什么态度!

 我也不想每次都催你。但是,如果不洗,我就不能准备早餐了。

 你也稍微考虑一下我吧。

我知道了!(不情愿地开始洗)

丈夫好不容易心情舒畅地放松自己，却被妻子说这说那。那么，丈夫是什么样的想法呢？

丈夫的心理变化

"好不容易放松一会儿。"（感觉受到打扰了）

⬇

"一遍又一遍地催、催、催，吵死了！"（等一会儿再做又能怎样）

⬇

"忘记洗了吗？"（只是偶尔吧）

⬇

"我只是想按照我的节奏去做。"（讨厌被命令）

丈夫们是不是认为：明明稍微休息一下再做也可以，为什么必须现在就做呢？妻子做家务也有自己的节奏，是不是被丈夫打乱了节奏才烦躁呢？

那么，妻子到底抱有什么样的想法呢？

妻子的心理变化

"咦？东西没洗就看电视？"（说他他会不高兴，还会吵起来吧）

⬇

"我该怎么办？"（总之先问问吧）

⬇

"又说再等会儿。"（总是说同样的话）

⬇

"让我再休息一下之类的，之前也说了同样的话，结果一直到早上都没洗，是打算让我洗吗？！"（轻度愤怒）

⬇

"什么叫去洗总行了吧！那你倒是在我催你之前就去洗啊！"（中度愤怒）

⬇

"根本没想过我要准备早餐之类的，我也不想一遍又一遍说同样的话！"（愤怒值达到顶点）

⬇

"为什么最后总是变成这样呢？我只不过是希望你能马上洗东西罢了。"（真的很累。我也不想对老公说三道四，也不想吵架。长此以往还是离婚比较好吧？）

丈夫只是想在吃完饭后看会儿电视、看会儿书，放松一下自己，洗碗之类的过会儿再做。而妻子却想快点收拾完再放松。

丈夫感觉妻子在唠唠叨叨地指使自己做这做那，而妻子并没有在指使丈夫，最后导致两个人都变得烦躁不已。

我也想尽可能不吵架……

那么，在实际生活中我们应该注意哪些方面呢？

对话时要注意 3 点：

1. 仔细观察妻子，把握现实。
2. 妻子没想过要控制丈夫。
3. "拖延"是离婚的原因。

1. 仔细观察妻子,把握现实。

首先,我希望你能仔细观察妻子。然后,试着分别列出回家后你和妻子所做的事情。

回家后妻子要做的事情

(★有孩子的情况)

- 洗手漱口
- 让孩子洗手漱口(★)
- 换衣服
- 给孩子换衣服(★)
- 取下洗好的衣服
- 叠衣服
- 把叠好的衣服放进柜子
- 用洗衣机洗衣服
- 晒衣服
- 检查作业(★)
- 为明天做准备(★)
- 准备晚饭
- 让孩子吃饭(★)
- 吃饭、整理餐桌
- 准备早餐
- 为大家洗澡做准备(打扫或换衣服等)
- 洗澡(★)
- 洗完澡后给孩子换衣服(★)
- 吹干头发等(★)
- 计算时间自己也洗个澡
- 哄孩子入睡(★)
- 为自己的明天做准备

或许妻子要做的事比你想象中的多,也可能少,但首先观察一下妻子,试着写出妻子所做的事情。

接着写出自己在做的事情,比较一下。

虽然双职工夫妇越来越多,但女性的负担还是很大的,女性几乎不得闲,连坐着、休息的时间都没有,这是现实。

两相对比,男性可能就无法随口说"自己的时间""自己的步调"等之类的话了吧。

另外,特别是女性,当忙得应接不暇时,就会变得易怒易暴躁,不再温柔。

2. 妻子没想过要控制丈夫。

女性说话的特点之一就是"单方面断定",这是女性之间的对话风格,有点像自然现象。比如:

A女:××的比萨非常好吃,下次你去吃吃看吧!
B女:是吗?有机会我会去吃吃看(即便不喜欢吃比萨)。

从这样的语境中可以发现,A女只是一心想告诉B女自己觉得好的事情,所以采用了斩钉截铁的语气。然后,B女产生共鸣,给出适当的回复。这种对话正是女性之间普遍的对话风格。

但是男性会采用留有余地的说法。例如:

A男:××的比萨,非常好吃哦!
B男:是吗?

这样的说法,A男只是传达信息,如果B男不感兴趣就会把话题跳过去。由于对话风格不同,所以:

女性单方面断定

↓

男性听起来像是指示和命令

↓

认为女性想要掌控男性

男性总是会出现这样的想法。但是在女性看来,她们只是出于好心才说的,并不是想要控制男性。

3. "拖延"是离婚的原因。

- 想根据自己的时间做!
- 想按照自己的节奏去做!
- 不想被控制!

因为这些理由而"拖延"妻子拜托的事情,实际上都有可能导致离婚。似乎有人会诧异:"就因为这个原因?"但被妻子提出离婚的丈夫的共同点之一,就是"拖延"。

妻子提出的离婚原因

↓

妻子想离婚的原因

↓

丈夫眼中的微不足道的小事的积累

虽然在丈夫眼里都是些微不足道的小事，但在妻子看来，丈夫就是个连这点小事都不愿意为自己做的男人。

另外，就像男性希望万事都能按自己的节奏来做一样，女性也有此诉求。

但是，女性在自己真的忙不过来的时候才会发出 SOS 信号，让丈夫帮忙。这次妻子让丈夫洗碗也是，就是因为妻子太忙了，毫无办法之下才向丈夫发出了请求。

正因为如此，我希望丈夫能满足妻子的请求，不要随随便便地说想按自己的节奏做事。因为女性在以下几种情形时，一辈子都不会忘记谁为她做了什么，没有为她做什么。

- 自己很辛苦的时候
- 自己发出 SOS 的时候
- 自己一个人做不到的时候

另外，丈夫也都想逗妻子开心。

如果想让妻子开心，就要优先做"妻子想要你做的事情"，而不是做"你想给妻子做的事"。如此一来，妻子会相当看好你。

顺便一提的是，"妻子拜托你的事情＝妻子最希望你现在就去做的事"，所以马上付诸行动吧。

那么，基于以上种种，在实际生活中应该如何回答呢？

老公,碗筷还没洗吗?

 我知道,过一会儿我就去洗……(妻子看起来不高兴)

 不要再说过一会儿了,先快点洗完,之后不就可以悠闲地看电视了!

 你说得对,那我立马去洗!

其他有效的"暖心话语"

 你辛苦了!今天一天也很累吧。

 洗完东西后,我把××也做了吧?

 "洗完东西后,我还会打扫水槽和厨房等",多劳动也是很有效的体贴行为!

"你说得对,那我立马去洗"并不是顺应妻子,而是优先考虑了妻子说的"最希望你现在就去做的事"。

另外,我希望男性试着直视并改正不知不觉就会拖延的自己,看能不能减少吵架。

绝不能对妻子说的话语

1. 我不喜欢你的语气!
2. 啰啰唆唆,好吵啊!
3. 别指手画脚!我想做的时候再做!

场景 16

总看手机

"没有总看,明明还在一旁陪孩子玩……"

休息日,妻子觉得"丈夫很少能休息在家",所以希望丈夫能陪孩子一起玩,可是丈夫却只盯着手机看……今天也是,妻子眼看着就要火冒三丈了。

老公,和孩子一起玩的时候,能不能不要看手机?

嗯,不过我玩的时候也会认真看着孩子的,没事的。

 不是有事没事,而是难得的假期就别玩手机了吧。

我总是忙于工作,好不容易有个休息日,你就让我想怎么过就怎么过吧。

 但只有在休息日你才能陪孩子玩!

今天我也洗衣服了,你要我做的事我也大致完成了,我也想有点属于自己的时间,你就让我自由会儿吧。

孩子我会好好看着的,这没什么问题吧。

 不是看着孩子就行了,我是让你陪孩子玩!而且,想有属于自己的时间,等孩子睡着了你想怎么玩就怎么玩,随便你!

 而且,你在外面也总是玩手机!

没那回事。只是偶尔。

 绝对不是偶尔。你总是看手机!孩子不可爱吗?

知道了。不看了,这总顺你的心了吧!

 我没那么说吧!你怎么能这样……真是的,够了!

在丈夫看来，自己把该做的事都做了，所以放松一下自己玩了会儿手机……结果就和妻子闹起了不愉快。

那么，丈夫抱有什么样的想法呢？

丈夫的心理变化

"哎，又挨骂了！""妻子说的是对的，不过……"（妻子说的我都懂）

⬇

"妻子要我做的事我都做了。"（稍微让我自在地待会儿吧）

⬇

"孩子当然很可爱。"（但是，我现在也想玩会儿手机）

⬇

"吵死了！好烦！"（不玩手机总行了吧）

当男性感到"被妻子说中了"，就想找借口狡辩。另外，在内心深处还想着"场面得由我来掌控！"

那么，妻子到底抱有什么样的想法呢？

妻子的心理变化

"又在玩手机！"（超失望）

⬇

"不让老公玩手机，会不会又吵起来呢？"（不过，之前也因为老公玩手机，孩子差点受伤，还是得说说他）

⬇

"竟然说会好好看着孩子的，没事的。"（忘了之前孩子差点受伤吗？）

⬇

"明明是难得的假期。"（为什么老玩手机呢？）

⬇

"我也知道老公有休息日很难得，但也只有休息日才能陪孩子一起玩啊。"（总觉得很难过）

⬇

"想自在地待一会儿，你太自私了吧！"（轻度愤怒）

⬇

"我要你做的事都做了，这叫什么话啊！"（中度愤怒）

⬇

"在老公心里手机比孩子更重要！"（愤怒值达到顶点）

⬇

"在家里玩手机，出门也玩手机，在老公心里手机排第一位！"（在老公眼里，孩子和我到底算什么呢？还有在一起的意义吗？）

手机不仅给人们的生活带来了便利,也缓解了压力,可以说吸引力十足。但是,正如"手机离婚(手机离婚是指夫妻中的一方或双方处于手机依赖状态,导致夫妻无法沟通而导致离婚。——译者注)"一词一样,也有因为玩手机而离婚的夫妻。

那么,在实际生活中我们应该注意哪些方面呢?

对话时要注意 3 点:

1. 确认是否"对妻子有依赖"。
2. 根据时间安排改变优先顺序。
3. 输即是赢!

1. 确认是否"对妻子有依赖"。

男性是不是普遍存在"有妻子在就感到放心"的心理呢?

- 有什么事妻子会想办法的。

是不是抱有"育儿主要由妻子负责,自己在一旁辅助即可"的想法呢?

- 吩咐的事都做完了,这样就 OK 了。

是不是存在"妻子吩咐的事都做完了,后面的事情妻子会做的,所以没问题"的想法呢?

- 万事以自己的节奏为优先，不想配合其他人。

  即便有了孩子……

"想每周出去喝一次酒""起床时间和以前一样""吃饭和洗澡的时间随自己的心情而定""想拥有属于自己的时间"……

即便结婚了、有了孩子也不想改变自己的步调，事事优先考虑自己。这样的"想法"想必大部分男性都有吧。

请确认一下这样的"想法"是不是已经变成了"因为有妻子在所以安心＝对妻子有依赖"。

如果你有类似的心理，我希望你能做以下试想：

"如果只有自己一个人，现在自己在这里会做什么呢？"

一旦你习惯了思考这一点，那么你的自发行动就会越来越多，和妻子的争吵必定会减少。

这次的事例也一样，陪孩子一起玩的时候请思考或者想象，"如果是自己一个人带孩子，自己会为孩子做什么呢？"得到答案后想必你会更加珍惜和享受陪伴孩子的时光吧。

2. 根据时间安排改变优先顺序。

育儿中的女性事事以孩子为中心，所以会想着"每时每刻都是唯一的！""现在正应该陪孩子玩！"

- 马上就会翻身了。
- 再长大点就能爬了。
- 会发出好多声音了。（啊、呜之类的）

- 笑起来真可爱。
- 有时候笑起来憨憨的。
- 有时会露出奇怪的表情。
- 眼看着就会走路了。

……

与孩子频繁接触的妻子会感受到孩子的各种变化，想和丈夫分享这个变化。

这是因为，"和丈夫共享＝两个人一起育儿，能以同样的视角抚养孩子，能共同见证孩子小小的成长，分享喜悦"。

而且，男性只有在休息日才能感受到这些。所以妻子希望丈夫能陪孩子一起玩耍，时时刻刻看着孩子。

孩子成长飞快。"现在"的样子只有"现在"才能看到。

就现在，你的优先顺序能不能从手机换成"孩子"呢？此时此刻，你和孩子接触的时间越长，就越有益于孩子的成长，对你今后亦大有裨益。

3. 输即是赢！

如果妻子说得不对，丈夫是不是想反驳并赢过妻子呢？

另外，妻子说得越对，自己越明白自己做得不好，男性就愈加想要强烈辩解，即便自相矛盾也不愿认输。

如果你认为这是"男人的自尊心"，那我想说，夫妻之间不需要这种自尊心。

因为，当夫妻之间变成输赢的关系时，就会有以下倾向：

男性觉得："虽然赢不了也没关系，但我就是不想输！"

女性觉得："我不想输，我要赢！"

夫妻吵架是男女之间的吵架。男女吵架时，男性会找个台阶，在适当的时候停下来，但是女性却想要吵个彻底。

这次的对话事例也一样，丈夫试图以"知道了。不看了，这总顺你的心了吧！"来结束争吵。

可是妻子说的是："我没那么说！你怎么能这样……真是的，够了！"其实，在"你怎么能这样……"的后面还有一大堆想说的话，想要彻底发泄。

但是，考虑到种种，最后放弃了，无法言语的心思与想法一直憋闷在心里。然后，同样的争吵一遍又一遍地重复上演。

既然你想要分个输赢，那么妻子无形之中也想分个高下。

所以，堂堂大男子汉，就想着"输即是赢"吧。因为妻子不是敌人，而是你的同伴。

"男人的自尊心"只会令妻子产生奇怪的误解，所以在家庭内部，请把它束之高阁吧。

那么，基于以上种种，在实际生活中应该如何回答呢？

让我们把它应用到前面的事例中。

场景 16　总看手机

 老公，和孩子一起玩的时候，能不能不要看手机？

嗯，不过我玩的时候也会认真看着孩子的，没事的。

 不是有事没事，而是难得的假期就别玩手机了吧。

我总是忙于工作，好不容易有个休息日，你就让我想怎么过就怎么过吧。

 但只有在休息日你才能陪孩子玩！

的确是这样！

那等孩子睡着了我再看手机！（放下手机，陪孩子玩）

"的确是这样。那等孩子睡着了我再看手机!"这并不是顺应妻子、被妻子掌控支配。

这仅仅是丈夫改变了事情的优先顺序,把孩子排在了手机前面,让自己配合了孩子的步调而已。

孩子眨眼之间就长大了。陪伴孩子,使孩子的童年时代过得有意义、快乐,是成熟父亲的体现,这样做,夫妻关系也会变得更美满。

下面我推荐几句陪伴孩子玩耍时可以对妻子说的暖心话语。

推荐说给妻子听的暖心话语

1. 咱们的孩子超可爱。(直白的肯定话语)
2. 孩子一天天地长大了。
3. 托你的福,孩子才这么优秀。

绝不能对妻子说的话语

1. 吵死了。休息的时候就让我随心所欲吧!
2. 你只是拿孩子当借口阻止我玩手机吧!
3. 你吩咐我做的事我都做了,现在让我按照自己的意愿做吧!

家庭和谐的 30 条宝典

1. 对于丈夫所说的"我知道了",妻子会认为这是丈夫与自己的约定。

   所以当你觉得自己能真正做到的时候再说出"我知道了"吧。

   参考→场景 1

2. 当妻子认为自己在丈夫心里排第一位时才会放下心来,感到开心。

   参考→场景 1

3. 如果期待落空,或者讨厌的事情反复发生,那么妻子就会产生消极的妄想,甚至有点失控,这是妻子们的普遍特点。

   参考→场景 2、12

4. 妻子会回想起过去的种种,这是自然现象,她们并不是在责备丈夫,所以不用太在意。

   参考→场景 2、12

5. 否定语气和断定性口吻是女性的语气特点，妻子并不是要责怪丈夫，而是觉得在和丈夫商量。

参考→场景 3

6. 妻子只是想知道丈夫的想法，如果丈夫能够告诉妻子自己的真实想法，那么夫妻关系会逐渐变好。

参考→场景 3

7. 妻子总是想协助丈夫工作，如果丈夫话语温和，妻子会理解的。

参考→场景 4

8. 即便是敷衍、模棱两可的回答，如果丈夫没有遵守，妻子也会觉得丈夫"撒谎"了。

参考→场景 5

9. 当妻子听丈夫声称："我会这么做的！"就觉得这是约定，会抱有期待。

参考→场景 5

10. 妻子在对话的最后会泼冷水，这是因为对丈夫有所期待，所以是你成为优秀丈夫的机会。

参考→场景 1、5、12

11. 妻子之所以喋喋不休是因为担心丈夫。

参考→场景 5

12. 丈夫采取同样的行动，妻子会感到安心。

参考→场景 6

13. 当妻子焦急或抓狂时，等三分钟再解决问题就好了。

参考→场景 6

14. 仅仅是得到丈夫安抚的话语，妻子就能变得更温柔。

参考→场景 7、13、14

15. 妻子会对"简单"这个词反应过度，所以这是禁语。

参考→场景 8

16. 如果妻子得不到丈夫的关心，就会悲伤生气。

参考→场景 9

17. 妻子遇到困难时，如果丈夫能倾听、详细询问，妻子会更加爱丈夫。

参考→场景 9

18. 如果妻子能得到丈夫安慰，心里就踏实了，自己也能解决问题。

参考→场景 10

19. 对妻子讲大道理会导致吵架。

参考→场景 10

20. 妻子如果能得到丈夫的反问："你呢？"就会开心。

参考→场景 11

21. 如果丈夫能主动提出建议，妻子就会很开心。

参考→场景 11、12

22. 如果妻子能够得到丈夫认可，便能放下心来，专心于做家务、育儿。

参考→场景 13

23. 妻子不认为自己在责备丈夫、在冲丈夫发牢骚。

参考→场景 14

24. 妻子没想指使、控制丈夫。

参考→场景 15

25. 妻子忙不过来时，就会变得易怒，难以对丈夫和孩子温柔。

参考→场景 13、15

26. 不论做什么，妻子都想和丈夫一起做。

参考→场景 16

27. 如果关乎胜负，妻子就会想战斗到底。

参考→场景 16

28. 有时妻子会露出不高兴的神情，其实她并没有在生气，反而会在意丈夫的脸色。

29. 如果丈夫积极地与自己搭话，妻子会感到幸福。

30. 妻子希望和丈夫永不争吵，永远和睦相处。

后　记

感谢各位读者读到最后。

你有什么感想呢?

执笔此书给予我最大帮助的人其实是我的丈夫。(笑)

每一个场景示例,我都会和丈夫对一下台词,听取丈夫的感想,并相互提出意见,争论曾几度达到白热化的状态。

但是,现在回过头来看,发现全是令人吃惊的事情。

"啊,原来男性是这么认为的啊。"

"啊,原来丈夫是这么想的啊。"

这些都是我以前不曾了解、不曾注意到的事情。

虽然我从事夫妻沟通的相关工作已有 10 多年,但我真切地感受到,伴侣之间的未解之谜还有许许多多,这条路可谓任重而道远。

并且我也愈加深刻地感受到,虽然这本书面向的是男性读者,但我相信如果夫妻一起阅读本书、相互交换意见,夫妻之间的某些误解或许能得到更好的解决。

如果有机会,希望大家能够参考使用。

为了改善夫妻关系,你必须得有"干劲"。

我已经努力、尽量写出了具体的做法。不过,要付诸行动的人是你!

不要一上来就期望夫妻关系能够一下子变得和谐美满,首先立个小目标,做到夫妻之间能够心平气和地对话吧。

我衷心地支持大家的努力。加油!

执笔此书,我要衷心地感谢大和书房的齐藤俊太朗先生,以及向我讲述了亲身经历的男士女士们。